图解服务的细节
128

ホテルオークラ<橋本流>大人のマナー

"笨服务员"解决术3

服务礼仪，就这样做、这么想

[日] 桥本保雄 著
张文慧 译

人民东方出版传媒
People's Oriental Publishing & Media
東方出版社
The Oriental Press

图字：01-2021-6202 号

HOTEL OKURA <HASHIMOTORYU>OTONA NO MANNER

Illustrations by Kazuhisa MURASAKI
First original Japanese edition published by Daiwashuppan, Inc. Japan.
Simplified Chinese translation rights arranged with PHP Institute, Inc.
through Hanhe International (HK) Co., Ltd.

图书在版编目（CIP）数据

“笨服务员”解决术. 3，服务礼仪，就这样做、这么想 /（日）桥本保雄 著；张文慧 译. —北京：东方出版社，2023. 8
(服务的细节；128)
ISBN 978-7-5207-3561-2

Ⅰ. ①笨…　Ⅱ. ①桥… ②张…　Ⅲ. ①饭店—商业服务　Ⅳ. ①F719. 2

中国国家版本馆 CIP 数据核字（2023）第 125358 号

服务的细节 128：“笨服务员”解决术 3：服务礼仪，就这样做、这么想
(FUWU DE XIJIE 128: “BEN FUWUYUAN” JIEJUESHU 3: FUWU LIYI, JIU ZHEYANG ZUO、ZHEME XIANG)

作　　者：[日] 桥本保雄
译　　者：张文慧
责任编辑：崔雁行　高琛倩
出　　版：东方出版社
发　　行：人民东方出版传媒有限公司
地　　址：北京市东城区朝阳门内大街 166 号
邮　　编：100010
印　　刷：北京明恒达印务有限公司
版　　次：2023 年 8 月第 1 版
印　　次：2023 年 8 月第 1 次印刷
开　　本：880 毫米×1230 毫米　1/32
印　　张：6. 375
字　　数：120 千字
书　　号：ISBN 978-7-5207-3561-2
定　　价：58. 00 元
发行电话：(010) 85924663　85924644　85924641

如有印装质量问题，我社负责调换，请拨打电话：(010) 85924602　85924603

前言

PREFACE

礼仪从笑容中展现

近年来，我变得不怎么喜欢坐电车。

因为电车里总有让人忍不住皱眉的场面，有年轻男性毫无顾忌地在电车里打电话，声音滔滔不绝；有两三名女学生坐在地板上；还有张开大腿占座的中年上班族；抱着一堆行李的中年女性。他们似是连检点的意识都丢失了般。

可能是因为这样的情况越来越多了，写着“遵守礼仪”的海报和警告牌也多了起来。但我并不认为靠警示语就能改变这种状况……而且他们所谓的“礼仪”，本身到底指什么，也不太能让人明白。

关于“礼仪”一词，可能大多数人会联想到就餐方式，或是生活中的行为举止。

事实上，市面上所谓的“礼仪书籍”，也多是从这一认识上加以解说，传授一些小技巧。

然而，礼仪并不是什么小聪明、小技巧。

礼仪是与有关“如何活下去”的哲学紧密连结的心理表现；是显现于温柔笑颜里的内心表情。

这就是礼仪。

其原点是“共生”思想。

这不仅是指人类共生，还要从与在这地球之上的所有生命，包括动植物、环境等的自然和谐共生的这一角度出发，去思考共生。

然而，现实很残酷。被称为日本自然象征的富士山上，满是登山者们随意丢弃的垃圾，山色美景遭到了严重破坏。世界最高峰——珠穆朗玛峰也是如此，脏得足以让有心的登山者们忍不住上山捡垃圾。

河流、海洋、森林也同样如此。人类一边宣扬着与自然共生的必要性，实际上却做着相反的事情，如此言行不一，着实可怜又可悲。

问题的根源在于人们丧失了“感谢”“体贴”“温柔”的情感。如果人类不会去感谢、温柔地关注养育我们的大自然，那么“共生”之论也不过是画饼充饥罢了。

反之，如果人们带有感恩、体贴和温柔的心，那么不特意去找寻共生之道，人类也能实现和谐生活。

人际交往亦是如此。

即使不去思考如何才能让关系更加和谐，只要一直抱有感恩的心来待人，不以自我为中心，关怀他人，面带微笑，就能拥有良好的人际关系。

比起一些感谢的套话，自然的笑容不是更能打动人心吗？

掌握一些礼仪技术、技巧，只不过是临阵磨枪。

即使能熟练地使用刀叉就餐，也最好别认为“自己懂礼仪”。

为眼前的菜肴倾注心血的厨师；为了能让客人更好地享受美食，而提供周到服务的服务员们……如果对这些辛苦付出的人不抱感激之情，那么只会一些小技巧，并不能称为高级。

就像我在开头说过的那样，因为礼仪就是心理表现。

当然，这并不是说我们就不需要掌握一些技术和技巧。

一些言行举止，如果给他人带来不快，也是件麻烦事。

但是，仅做好这些表面功夫，还是远远不够的。只有发自内心地感谢、体谅他人，并温柔待人，礼仪才会变得真实。

本书以商务场景开篇，假设了各种生活中需要用到“成人礼仪”的场合。书中所述，都是我40多年来积累的经验，是确认过“这样做就好”“这样想就行”的内容。

阅读本书，可能让人觉得和一般的礼仪书籍在趣味上有很大不同。书中所述的“桥本式礼仪”，我自负地认为，必定是超越常规，能帮助读者磨炼出成人礼仪的有益指导。如读者们能充分利用好本书，我将不胜荣幸。

桥本保雄

目　录

CONTENTS

第 1 章

“能人” 都在做的办公礼仪

第 2 章
掌握社交礼仪的运用能力

第 3 章
餐桌礼仪　扮演干练的大人

第 4 章

红白喜事上的礼仪传达着“心意”

第 5 章

护花礼仪　提升“男人的器量”

第 1 章

“能人”都在做的办公礼仪

仪容仪表　晨间虽短，打造“品位”

◆ 让身心精神百倍的常规模式

常言道“男人脸，敲门砖”，但除了颜值，其实从头到脚都可以展示一个人的自我。全身上下散发出的气质，也会给人留下深刻印象。从此种意义上说，仪容仪表就变得相当重要。

男人提升仪容仪表的关键在早上。然而，有的人却在前一天晚上豪饮后回家瘫睡，等到上班快要迟到了，才匆匆洗把脸，然后飞奔出家门。梳头不用梳子，只用手简单捋捋。胡子呢？脑子里想的是“到公司再刮吧”。这样的男人，就完全没有做好进入男人的“战场”——职场的心理准备。

刮脸、理发以及检查手指甲是否干净是整理仪容的基础。这是男士们每天早上必做的功课。

而且，既然都站在镜子前了，顺带**练习一下“眼技”**也好。表情在表达喜怒哀乐等自我情感中，是不可或缺的部分。神采飞扬的眼神可以令人感到自信与进取，反之，呆滞无神的眼睛无法让人感受到生机，也会给观者带来不快。

不同的感情，要怎样表现，要用什么样的眼神才能达到效果，这就需要我们到镜子前好好检验一番了。检验的时候，还可以一并观察自己的嘴部动作和打招呼的方式等。

我每天早上都少不了这一步，为了能以好的心情开始新的每一天，我都会做一个简单的“仪式”——那就是拜祖。

先把佛龛上的水换成新的，然后烧香，打开八音盒。曲子是贝多芬的《第九交响曲》。接着双手合十，心中默念父母、岳父、岳母的名字，小声说一句：“我会努力过好今天，还请爸爸妈妈多多保佑。”

我还会想到三个人。一位是我小学时遇到的恩师，他锻炼了我不屈不挠的精神；一位是山上酒店的社长吉田俊男，他引领我开启了酒店的职业生涯；还有一位是大仓酒店的野田岩次郎先生，他教会了我作为酒店人必须具备的各种知识。

仪式结束后，我会感觉身体与心灵都变得精神百倍，背部肌肉也自然地伸展开来。“来吧，新的一天开始了！”我的**精神面貌焕然一新**。

◆ “时尚”不仅靠西装和领带

虽然有些老生常谈，但让衣服保持“**整洁干净**”是首先要做的事。

要是衬衫的袖口和领子上有污渍，西装肩上有头皮屑，那就看起来太不像话了。即使穿上熨烫平整的衬衫，在人满为患的上下班电车上你推我搡之后，衣服也会变得皱皱巴巴，因此，最好在公司备好可以替换的衬衫。

如果把前天脱下的衬衫挂到衣架上，那么衣服上的褶皱，就会在第二天变平整。我出差的时候，都会脱掉衬衫，把它挂到衣架上，并放在浴室里。因为浴室里的热气有蒸汽效果，可以让起皱的衣服在第二天变回平整的模样。

领带是穿着的点睛之笔。因此，如果每天都戴着同样的领带，就会显得你不注重着装打扮。

这是很久之前的事了。我曾买了50多条单价1000日元的领带，然后发给大仓酒店的30名营业员。这是为了让30名员工能轮着使用这50多条领带。营业员们在这50天里，没有一天戴过同样的领带。

也有人会专用一条高价的名牌领带，虽说也不是什么坏事，但最好多备两三条换着用，有利于提升装扮的品位。

不管是阿玛尼还是范思哲之类的大牌，如果一直戴着一样的领带，都会让人觉得："啊，怎么又是一样的领带呀！"而如果每天都换不同的领带，即使是非名牌的便宜货，也会让人感觉："这人每次都戴不一样的领带，还挺时髦的，是个会在着装打扮上下功夫的人呀！"

脚上的装扮也很重要。

电影《沉默的羔羊》有这么一个片段。

在安东尼·霍普金斯和朱迪·福斯特所饰演的角色对峙的场面，看看他们脚上那破旧的鞋子，就能知道他们"出生贫穷"的背景。

无论穿着多么高级的西装，如果忽略脚部的时尚感，就会让人看出你的"底细"。

我每天**绝对不会穿同样的鞋子。**

但是，看的人却会感觉："桥本先生总是穿着同样的鞋子呢！"

实际上，是因为我有好几双同样风格的鞋子可以换着穿，才让人有这样的感觉。这样做还可以减少鞋子的消耗，更为经济。

上述内容都是我从山上酒店的前社长吉田先生那儿"偷师学艺"过来的。吉田先生不仅备有多双鞋子，也拥有好几套同样的西装和衬衫。可能周围的人看着，会感觉他是穿着同样的衣服，实际上，吉田先生每天都会换衣服。看到吉田先生做到这般程度，丹蒂主义[①]者们也会不由得脱帽致敬。

年轻人往往会向往吸引人眼球的时尚，但是希望各位心里明白，终极的时尚在于**“雅致”**。

① 丹蒂主义：一般是指男性的风度和审美意识。起源于英语，在 18 世纪末作为新词出现，19 世纪初到中叶广泛普及。

男性上班前的着装

西装
有折线的地方要清晰可见，西装上不能有褶皱、污渍

领带
要和前一天的不一样，并事先熨烫好

衬衫
袖子和衣领要保持洁白，
没有褶皱和污渍

鞋子
要和前一天的不一样，
并且要擦好鞋子

头发
花钱做好发型，要没有
头皮屑

指甲、牙齿
保持指甲干净。勤刷牙，
使口腔清新

预 约 有备无患

◆ 预约时不能自己想当然

不论远近，每当要去拜访客户时，都要做好预约。“未问先扰”不仅会给对方带来麻烦，也是极其失礼的行为。要知道不考虑他人情况就来叨扰别人，是商务场合的禁忌，这点需多加注意。

我也是，除非和对方特别熟，自己时间也非常充裕的时候（虽然实际上没有这样的情况……），否则我都会把他们拒之门外。遇到一些没有常识的后辈，如果不给出相应的冷淡态度，他们是不会反省的。

那么，预约要在什么时候为好呢？我建议最晚在访问日的**大约 1 周前**做好。因为 1 周的时间，无论对方多忙，也能调整好行程安排，像是资料等，也可以事先做好准备。

预约会面的时候，需要告诉对方一些信息。具体为**“访问时间”“访问地点”“访问目的”“访问人数”“希望和谁会**

面”等。

“我是某某公司销售部的铃木。某月某日想就某份合同跟您会面，不知您是否方便？”在电话里可以先这样询问。根据具体情况，为了方便对方的时间，“某月某日”当然也可以说成“这个月中旬左右……”等。

当对方了解了你提出的访问日期，并告知方便的时间后，这边当然就要配合对方了。

可以这么回复：“是某月某日的 15 点吧。谢谢，您看这个时间前往贵社可否？”

访问的地方可能是对方的公司，也可能是某家酒店的大堂。所以预约的时候别忘了确认具体地点。如果先入为主地认为“访问地=对方的公司”，就不能算是真正预约好了。

“我们这边有佐藤部长和我两个人一起过去拜访，当天贵方的销售部长中村先生能否一同出席呢？”

当接受预约的是负责人，如果想要让该负责人的上司也出席，就要在预约阶段事先说明。

不能由我们这边作出随意的决定，像是说：“因为要讨论合同的事，所以你们的部长也要一同出席”“就一定……”“就应该……”等，这类表达并不是判断，而是想当然。预约的时候**绝不可自己想当然**。

因为要考虑到对方，所以预约时，应当事先告知我方参加会面的人数，让对方可以做好各种准备。在日本的商务场合，每次交涉完后，经常会有“去小酌一杯”等情况。当确定好人数到了访问地时，如果出现“啊，中村部长也来啦……哎呀，您还特意过来”，像这样我方人数突然增加的情况，虽然对方负责人看似淡定自若地接待着，心里估计会十分慌乱，因为他得赶紧致电宴会场所，告知预约变更的情况：“不好意思，今晚的预定，能否把人数从 3 人增加到 4 人呢？”

所以，为了不让对方劳心劳力又费时，就需要预先明确告知我方人数。

◆ 要变更预约时，什么该说，什么不该说

跟对方预约之后，如果出现要更改会面时间和人数的情况，应该立即跟对方联系，这是常识中的常识。

“十分抱歉，原定某月某日前去拜访的，您看时间能否从 15 点改为 16 点呢？”

“实在抱歉，原定某月某日的预约，您看能否改为某日呢？”

遇到这种情况，首先要明白，由于是我方导致原定计划变动，所以要**道歉**，然后要告诉对方**变更的内容**，这是一种

礼貌。

如果同行的人行程或时间不方便，要说：“抱歉。当天中村部长有不得已的原因，只能由佐藤我一个人前去拜访贵社了。”

顺便说一下，这里把事情模糊化处理，说成不得已的原因会比较保险。“因为突然出差……”“当天有脱不开身的会议要参加……”等，这样告知详细原因的话语，会让对方觉得：“什么呀，是不是跟我们谈合同，您家部长就没必要出面呀？”

还有预约时间的时候，要用**24小时时间制**来进行确认。因为像是上午7点、下午7点的说法，容易造成混淆。

访问 “5 分钟前才到”是没有常识的行为

◆ “+a”的时间会让你迟到

在商务场合，拜访客户是考验礼仪的时刻。在前台的一个小小行为，可能就会被人贴上“田中先生的公司看来没教育好员工”之类的标签。

当预约完，前去拜访的时候，仅是迟到，就会让对方对自己的公司的印象一落千丈。

比如约好 14 点拜访，如果你认为准时到对方公司就好，那就错了。到了对方公司，得先到前台交涉，还要坐电梯、走楼梯等去找对方，这个过程就会花好几分钟。约好 14 点见，结果却成了“14 点+a（14 点多）”见。要记住，约好的时间是和对方**直接见面的时间**。

此外也经常有“提前 5 分钟到”的说法，但不能一概而论。就像我刚刚说的例子，从到前台让人帮忙联系，再到见到对方，所需的时间并不都一样。这里，我建议把拜访各个客户所需的时间，都事先记住。

◆ 接待与被接待时的行为礼仪

到了前台，要先报出自己所属的公司。

“打扰一下。我是大和商事营业部的田中。我想跟贵公司营业 2 科的佐藤先生见面，商谈交货事宜。您能帮忙联系一下吗?”

固定套话基本如上所述。

而要是想在套话中加上预约时间，就可以说:“之前预约了 14 点见面……”

如多次访问过对方公司，和前台工作人员都很熟了的情况下，就要注意加上“您好”“一直以来承蒙关照”等寒暄语。

如果是头一次拜访，在**说完一些“套话”后，拿出名片**给前台工作人员，那么前台的联系工作会更顺畅一些。要在对方还未说出“能否跟您拿一张名片”之前，就要把名片递给对方。

一些奇怪、罕见的名字就不必多说了，新听到的公司和部门名称，只听一遍是很难正确记住的。所以如果不递给对方名片，就容易出现“不好意思，您是大和商事的，还是台场商事的人呢……还有就是，您是山田先生吗?”类似这样的情况。

这种情况下，其实只要递一张名片，就能省去这些为确认信息所花的不必要的时间。

在前台等待的时候，如果碰上了熟人，不要忘了说“你好”“一直以来承蒙关照”等寒暄的话语。也不用说得特别多，大概解释一下“今天是来拜访佐藤科长的”就可以了。

当接待人员带你去见对方，你最好与接待人员保持**两三步的距离**，跟在他的左后方。因为接待人员多半会靠右侧墙壁行走，这是一般人习惯走的方位。而如果接待人员靠左侧墙壁走，依此类推，我们就在后面，与他保持两三步的距离靠右走。

到了接待室，首先一个问题就是要坐哪里。有人会一进入室内，就环视四周，想着“上座是在哪里……”，但这样东张西望的样子看起来十分失礼。接待员就在这，直接问不就行了？

“请问我坐哪儿比较好？”

“请来这儿。因为佐藤会坐这儿……”

于是座位就确定下来了。

◆ 在接待室等待的时候可以做什么？

在对方来之前，一直老实等着也可以，但如果接待室里布置有画作、书、壶、带有花纹的器皿等装饰品，也可以进行鉴赏。

接待室内可能会摆放室主的收藏品，在和对方会面并交换名片后，进入正题之前，这可以成为一个很好的话题。

“这是郁特里罗的画作吧，真有品位。”

“其实这是我们公司社长的收藏品。您也喜欢画吗？”

通过这样的交流，气氛就能缓和下来。但是，如果不懂装懂地进行夸奖就不好了。

“哇，真是幅好画。肯定是某位名人的作品……”

“没有没有，就是个不值钱的东西。惭愧惭愧……”

于是气氛就会变得尴尬了。虽然对方表现得很不好意思，但实际上，心里肯定会想：“不懂还装懂，是不是傻呀？这人真不靠谱！”

要想把装饰品当话题来谈论，也可以通过坦诚请教别人的方式来进行。一些墨迹和新书肯定是没读过的。这样的话，可以跟人请教：“那书讲什么的呢？”之后便能展开话题了。这样不失为一个好方法。

交换名片 “最初的王牌”可分高下

◆ 瞬间辨别谁是大人物的秘技

可以说，商务是从交换名片开始的。这种互相认识的场合，绝对要避免失礼。

虽然已经做过不少回交换名片的事情，但说不定这里面还存在一些意外的陷阱。所以希望各位能重新掌握正确递名片的完整礼仪。

交换名片的时候，“由下位者先开始”“在拜访地，需要由前去拜访的人先递名片”，这些都是递名片的原则。

比如，和下属一起第一次访问客户的情况下，首先要进行自我介绍，然后给对方地位最高的人递上名片。

当今的日本，已打破了过去按入职时间排辈论资的年功序列制[①]，难以从外貌和服装上判断他们的上下级关系。但是，

① 年功序列制：年功序列是日本企业的传统工资制度，特点是工资随着员工工龄的增长而增加。

交换名片的顺序

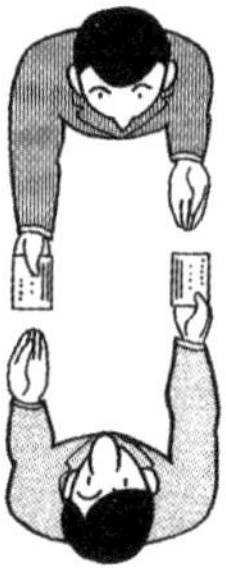

1
向对方递
名片

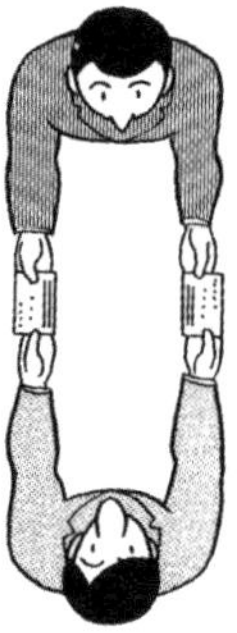

2
单手接过并拿好
对方的名片

3
右手把名片
拿到自己跟前

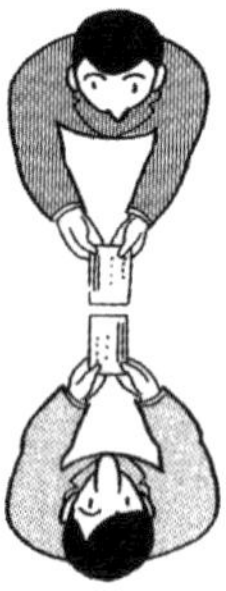

4
双手拿好名片，
并往自己跟前挪

对方进入接待室的时候，我们就能大概看出他们的关系。一般来说，系长开门，首先是部长进来，接着是科长，然后系长再把门关上进来。

也就是说，**第一个进来的人是他们那群人里的“老大”**，按照这个规律一般不会错。

这时的套话是：“一直以来承蒙关照，我是营业科长江口。还请多多关照。”

同样，互换名片的时候，要从对方地位高的人开始，然后往下互换。之后介绍自己的下属：“这是我们公司的系长织田。”下属在这时要按同样的顺序和对方交换名片。

接对方名片的时候，首先要伸出右手，然后加上左手，一定要双手接名片。要把名片当作是对方人格的一部分来认真对待，这是交换名片时的铁律。如果单手接名片，则相当于对对方人格的蔑视。

对方入室之后才开始找名片，也是不明智的行为。我们需要提前准备已数好的名片，并放到内袋里。

◆ “好记性”决定你的第一印象

为了不弄错对方的职衔和名字，一般在面谈的时候，要把名片**按座位顺序摆放到桌子上**。

但是，除去对方人数众多的情况，如果只是两三人的情况下，记住这些人的头衔和名字，把名片收到袋子里会比较好。

如果连这么几个人的信息都不能立刻记住，那么会不利于商谈的推进。

假如有人的名字比较奇特，还可以把这当成一个话题。

比如说："副岛部长是九州人吗？我听说这名字在九州挺多的……"

这样往往能活跃谈话的气氛。名字里其实包含着许多信息。

判断出了对方出身的地方后，可以继续顺着话题聊聊这个地方，像是请对方简单说说故乡的逸事等，这样就能很快缓和双方初次见面时尴尬的局面。谁都会有一两个对自己故土感到骄傲的点，想与别人分享这些骄傲的地方，也是再正常不过的事。

◆ 让第一印象有阶段性升级的习惯

只要在面谈的时候，试着多说几次对方名片上所写的头衔和名字即可。

"副岛部长是怎么想的呢？"

"我想请教一下佐藤科长的意见。"

像上面这样，说出别人的名字既能增加亲近感，也能强化自己的记忆。如果只说头衔，日后就可能会出现名字和脸对不上号的情况。因此边看着对方的脸，边说出名字准没错。实际上，一些精明强干的营业员，一定会在谈话的时候加入对方的名字。

在桌子上排列放着名片的情况下，先把散放着的资料和文件收起来，最后再收名片。

在紧张状态下，商谈结束的一刻往往会让人整个放松下来，但正是这样的时候，更不能忘了作为人格一部分的名片。

如果把对方的名片和自己的名片一起放入名片夹，然后放进西装的侧兜里，会让对方不高兴。更不要说放到裤子屁兜里的做法了。放名片的时候，一定要把收到的名片认真地放入干净、专用的名片夹中，然后放在**胸口内侧**的袋子里。

第一印象会给之后的人际交往带来影响，而互换名片，可谓打造第一印象的重要瞬间。

正所谓好的开始是成功的一半。

社　交　成功的关键在于随机应变

◆ 在对外交涉的场合，自己便是自家公司的门面

从事对外工作，一般先会和一线负责人进行沟通。之后如果交涉进入僵持阶段，也可能会被介绍去和拥有决定权的科长、部长等人交涉。在这样的场合，哪怕是一个小兵般的角色，和其他公司的人进行面谈时，也会代表着自家公司，所以采用什么应对方式，关乎自家公司的门面。这点需多加注意。

“贵公司经常出新产品吧。不知现在贵公司有多少种类的新品呢？”

对方的部长这样询问时，如果不能立刻回答就不好了。因为打算销售自家公司产品的人，连自家产品信息都不了解，也就没什么好谈下去的必要了。

“买这样的人介绍的商品，真的没问题吗？”

对方这么想也很正常。

虽然不至于要把每个商品的详细数据都牢牢掌握，但是可

以先把这些产品列出来，做到能够立刻说出这些产品的简单特征。

如果去问大仓酒店的营业员有关馆内餐厅的信息，他们会介绍：“餐厅内有中餐馆桃花林、法餐美好年代和铁板烧店茶梅，虽然名字记不太清，但餐厅内还有一家港式早点。”

这样回应，让听者也会想来这家酒店。

让馆内餐厅都记不清楚的营业员去跟客户交涉，那该酒店的质量可想而知。菜肴和服务都不会值得人们期待。

◆ 不懂问谁？

了解产品的同时，还要大概知道**自家公司的基础信息**。

因为我们并不知道对方会提出什么问题，所以当对方问出的问题超出了你所知道的范畴，如果对自己的公司并不了解，就容易陷入无法应对的困境。

“该产品的素材是贵公司开发的吧。应该费了不少劲吧？”

当对方问出这类问题时，“这个嘛，我是负责销售的，所以这方面我不太了解……”如果这样回答，是不是因为自己多少有些心虚呢？这时候，应该这么说：“这是研发部一位叫阿部的人带头开发的。具体情况我了解得不太多，待会儿我让阿部跟您联系，介绍具体情况。”

我有时也会联系一线的负责人，提出来自客户的询问。并且之后会继续跟进这件事。让负责人跟我报告是怎样向客户说明的，并与客户取得联系。

“刚才负责人伊东已经跟您说明了情况，您能理解吗？如果还有不清楚的地方，我会向伊东确认……”

到这里，首次应对就算完成了。

◆ 大仓酒店第一代社长野田岩次郎的演技

进行社交的时候，还需要考虑自己的立场和角色，已故大仓酒店的第一代社长野田岩次郎还在世的时候，发生过这么一件事。

野田先生一位熟人的女儿要举办婚礼，那位熟人就到他家拜访。野田先生看出熟人拜访的目的是想要享受费用打折，于是对我做出了指示。

野田先生让我仔细研究对方的报价，然后对可以打折的地方进行确认。再将报价单副本递给他，副本中用红字标出了“社长权限内可以提供的优惠”项目。

然后当天，迎接熟人的野田先生把我也叫来了。

“桥本，你看这几个项目能不能再优惠一些？”

野田先生就标有红字、表示可以优惠的地方询问我。

于是，我说：“那，这部分的价格就变成这样，您看？”

接着，野田先生说：“那这几个怎么样呢？”

“既然社长都说到这个份儿上了，那这价格就……”我这么回应。

其实什么都没变。我们却煞有介事地说着原本就可以给优惠的地方，演了一出好戏。于是对方心服地想：“不愧是野田先生，真了不起啊！”如果我最开始就表示“价格是这样或那样的”，那么社长的威严和面子就建立不起来了。

以前我时常会有这样的“配合演出”，并从中学会了不同人有不同人的立场和角色这个道理。

现在自己处在怎样的立场，应该扮演怎样的角色，在对外交涉的时候，我们应时常思考这个问题。

和海外的交涉

即使英语不好，也能有留下好印象的方法

◆ 和海外客户进行交流的方法

当今的商业世界，在不断全球化，中小企业进军海外已不是什么稀奇的事情了。因此，和海外客户进行电话联系的机会也不少。当对方是外国人的时候，就不能期待可以像和日本人客户一样，进行默契的交流了。这时更需要有好的礼仪。

这种情况下，首先要了解**“时差”**。在日本是上班时间，在其他一些地方可能早就是下班时间了，办公室里往往没有人，所以如果要和外国客户联系，就要确定和把握好当地时间，不然就会做许多徒劳的事情。

比如，日本和伦敦有9个小时的时差（夏至期间时差为8小时）。如果当地的上班时间为早上9点，那么日本就是下午6点。

多联系几次后，我想就不会有弄错时差的情况了，但意外的是，除了时差之外，我们往往还容易忽略掉海外客户所在地

的节假日时间。日本有建国纪念日、文化日等独自的节假日，其他国家也都有自己的**“法定假日”**。如果不了解这些节假日时间，并在这些日子不断打电话过去，就会一直无人接听。

这时就会有：“咦，奇怪，难道是有什么意外情况吗?”这样不必要的担心。

所以可以说，了解当地情况，是让海外事业顺利推进的一个要点。

打电话后，还需发送邮件和传真，跟对方进行汇报。

“某月某日某时，我们因某事与贵社进行了电话沟通，请多多指教。”

像上述这样，写出并发送简单明了的邮件（用当地语言）。即使对方当时不方便，事后也会回信，像“现在在开会”“现在出门在外……”等，这样不便处理事务的情况就得以解决了。

◆ 不懂英语！慌乱前可以做什么?

“Hello，this is ○○company.（你好，这里是某某公司。）”

突然，电话那头传来流利的英语，如果此时慌张失措，那就麻烦了。

这时候应该告诉对方自家公司名、所属部门、名字。

“自我介绍”已经是固定套话了，这种程度的英语还是需要事先记住。毕竟我们不是英语国家的人，所以不需过分纠结英语口语的流畅程度。要点是把英语说慢、说清。

“对英语完全没自信”的话，公司内部可以把一些**英语好的人培养成翻译**。与其让英语不太好的人与外国客户交流，让外国客户听得一头雾水，还不如让专业人士来翻译，这样也能显得更商务、更专业。

众所周知，日美两国首脑之间会有直通电话，日本首相和美国总统谈话的时候，日本外务省的口译人员会跟在旁边。即使日本首相精通英语，也会配有口译人员。连日美两国首脑都这样通话，在普通的商务场合，配上口译人员进行交流，更是理所当然。

“我叫上田，代桥本跟您电话联系。桥本的意向是……，因此……”

像这样的情况，需要事先和口译人员沟通好要说的内容、要求事项等。

当我们需要给对方说“好”或“不”的时候，需要事先想好，是说“好”还是“不”。

如果给出“好”和“不”之外暧昧不清的回答，则会妨碍商务事项的推进。

和日本进行日常商务合作的海外公司，会有许多懂日语的当地工作人员。这种情况下，只需在寒暄之后跟对方公司提出要求：“我想请能说日语的员工帮一下忙。”

“I would like to speak with Japanese-speaking staff.（我想和会说日语的工作人员沟通。）”一般英语这么说。

总之，交流是要让双方的意思能够准确传达。不懂装懂，就容易让别人心怀不满地想：“不懂英语（或其他外语）就不要不懂装懂。”“不懂就让懂的人（或请对方懂的人）在旁边帮忙。”作为重要的礼仪，大方展现自己的外语能力，不懂就说不懂，那么和外国客户的沟通就不会失败。

不过呢，成为海外贸易的负责人，多多少少还是得学习一下英语，因为这是一种商务礼仪。

处理投诉

用“心”应对难处理的问题

◆ 速度是最佳的“灭火”方式

在处理投诉电话的时候，最需要的是“迅速”。

如果客户所购的产品存在缺货、漏货，或是服务不周等问题。不管是什么理由，我们都需要理解对方想要**发泄**的“心情”。这时候说“请稍等一下”，然后让客户等很久，只会让客户更加生气，一般等20到30秒就是极限了。

如果需要让客户等超过这个时间，那么就要回复“真抱歉！负责人那边说需要5分钟后再跟您联系。不好意思，您方便留下电话号码吗？”像这样告知对方会回电话就好。

如果是要立即转线给负责人的情况，就要记下投诉的要点，并递交给负责人，或是跟负责人口头传达。这么做当然是为了**不让客户重复说同样的话**。

刚接电话，就算是已经了解了投诉内容，接线的负责人可能还是会习惯性地问：“请问有什么事？”

这样的话，对方就得再重复一遍，因此这是十分失礼的行为。如果对方是个急性子，就会说：“你是笨蛋吗，不要让我重复同样的话！”对方如此生气，其实并不奇怪。所以在这样的情况下，负责人应当跟投诉人更深入地了解投诉的详细情况。

“是某事的投诉吧。说是因为产品不齐，请问具体是哪些货品不齐呢？”要这样说。

◆ 关键是不要立即判定黑白

当然也有不能立刻处理投诉的情况。

有些投诉，就需要调查事情原委、产生问题的原因等，这是要花时间弄清楚的。

这种情况下，需要先简明地把情况说明给对方，然后跟对方确认：“请问是这样吗？”而不是给对方答复。因为我们需要做好调查，弄清楚原因后，再判断对方的投诉是否正当。如果这一过程中，对对方所说的话一味表示认同和接受，这类发言是很危险的。

此时应该这样说。

“待我们查明事情，再跟您汇报情况。”

这时还需要说清楚“什么时候”能给答复，从而让对方接受。而像“后天跟您报告……”这样的答复，会让人想：“后天是什么时候?”如果有必要，需要前去跟对方说明情况。

◆ 绝对不能用办公机器的情况

如果明确是我方的失误造成的投诉，那么要跟对方道歉。首先要致电对方汇报情况。

“前些天您指出的问题，正如您所说的。实在抱歉！后面还请您允许我们登门致歉……”

正常来说，在了解了对方方便的时间后，要带上伴手礼前去拜访致歉。如果没到投诉的地步，对方也只是指出了一些问题和意见，打个电话说声“谢谢”，也没什么大碍。但是如果可以，之后在明信片或信纸上写上感谢的话语（进行情况跟进），是处理这一事件更高级、更礼貌的做法。

在跟对方致谢和道歉的时候，不能用电脑打字。感谢和道歉不是事务性联络，而是**传达“心意”的表现**，要坚持手写。就算书写得有些拙劣，也要严格遵守这个原则！

如果是我，就一点都不想读用电脑打印出来，再用传真送来的感谢信和道歉书。我会当场把那些东西扔到垃圾桶。便利的办公机器，如果用错了地方，只会惹对方不快，这点还请各位记住。虽然电子邮件可以实现文件的有效交换，但会欠缺向对方传达“心意”的功能。

而且投诉的调查内容，说不定还有机密事项。

除此之外，还要禁止用电话汇报这件事的调查情况。虽然我想没有人会在电话里口若悬河地诉说机密，然而在现代商务场合，这种常识却逐渐变成非常识，以至领导们都需要苦口婆心地叮嘱下属。

“好”与“不”　产生信赖的“果断”表达方式

◆ 不说“不!”的传统

在商务场合，经常会有需要做出“决断的时刻”。

虽然这是必须表明自己态度的时候，先不论那些可以顺着对方的要求，快速给出承诺的情况，当必须要拒绝的时候，众所周知，日本人遇到这样的情况就会头疼。因为日本人的性格往往不会明说“不”。

这多半是受到了日本社会风气的影响。

像是察言观色、口是心非、沉默是金等，日本人有着即使不说，彼此也能揣度出对方意思的“传统”。

即使是一些拒绝的话，大阪人会说“这个嘛，我考虑考虑哈”，京都人会说“谢谢”“吾等回去再饮上一杯”等，如不是对当地文化有相当了解的人，恐怕难以判断是什么意思。大阪方言里的“ほな（hona）~”有“我拒绝”的含意，京都话里的“おおきに（ookini)”是（带有否定性质的）“多谢”,“帰りに（kaerini）~”直译为“回去”，实则是说“您别再来了”。如果不是熟悉这些地方的人，还真不知道他们实际说的是什么意思。

◆ “好”里要加“内容”

先不论刚才说的这些问题，如果不能明确说出“好”和“不”，往往容易产生误会，也会给之后的人际交往带来阻碍。

当然，说“好”和“不”这里头，其实也是有技巧的。

比如，接受客户委托的情况下，基本上会说“我明白了”“好的，了解”，但只这样回答，是不能展现出十足的干劲和诚意的。

应该说：“我明白了。我会尽全力好好干的！”

“好的，了解。我会尽全力的。”要让客户感受到话里的**“内容”**。说“好”的同时，根据具体情况，加上一些带有感情色彩的词，是回答“好”时的要点。

◆ 说“NO”要懂得“圆滑”

下面，就是比较难回答的“不”了。

即使不能答应对方，也要考虑到对方的心情，在拒绝时，应当修饰一下自己的语言。但如果答复含糊不清，反而会让对方觉得还有希望，使其一直不放弃。

“是呀。要是我这边能接受就好了……”

像这样答复，对方就会心里想：“难道还有机会?!”多少抱有一些期待。

实际上，根本就没有所谓的“难道”，这样含糊的回答，只会让对方感到困惑，期待越高，反而越失望。

像“抱歉，这个我们不能接受”这样果断的拒绝，其实也能让对方接受。

委托和要求的形式有很多。商务场合一般就要签合同进行交涉，这里会牵扯许多的关系。此外还有就业方面的关照、介绍人才等。

私人方面，从申请借款到委托保证人、提亲、约会、约喝酒等等，委托和要求的形式可谓无穷无尽。根据时间、地点、场合区分使用说“不”的话术是很难的。

比如，收到请求帮忙找工作或介绍人才的时候，像“这我办不到呀”这样直接拒绝，会让人觉得你有些不留情面。

对方是抱着“如果是他的话，或许能帮我……”的想法请求你的，所以也会希望你能有相应的回应。

“这件事，真不是我力所能及的。实在是爱莫能助，真是惭愧……”

如果这么说，是不是会好些呢？

表现出因帮不上忙而**不好意思的态度**，就不会让对方留有遗憾。

在签合同和交涉过程中，如果客户杀价，并提出严苛的条件时，又该怎么办呢？这要具体看与对方的关系如何了，如果不能答应，也只能说“不”。

“我们公司内部也对这个提议讨论了很多次，但还得按原来的价格，请您理解。”

这样的答复既明确又妥当。如果直接跟对方说“我无法答应您的要求”，这样听起来就显得比较生硬。

◆ “好”和“不”之外的“第3种”回复

对对方提出的委托和期望进行回复的方式，不仅只有“好”和“不”，还有**“留有余地”**的回复方式。

“这里有商量的余地。”

“现在还时机未到，也不是不能谈。”

“只要能满足几个条件，还是可以谈的”等，这类回答方式，就是第三种“留有余地”的回复方式。这种情况下，就要明确告知有什么不足、存在什么问题。

我在大仓酒店时，曾和一位叫仓田先生的经理共事，当我们跟他提出委托和要求时，他只会用“好”“不”“等等”这三种回复方式。回复“等等”的同时，他还会提出一些问题，明确告知我们应该做些什么。

回复别人绝不仅仅是“好”和“不”中二选一。懂得这点，也能让你的心胸变得开阔。

商务会话 平衡和感性是通往“能人”之路

◆ 商务场合的“疏忽大意”会令人“大失所望”……

在商务场合，行事就必须得像个“大人”。要是说话方式还未脱学生稚气，那在被人质疑你个人工作能力之前，你就是一个不合格的商务人士。

要有成年人的行事作风，就需要一个重要的武器，那就是“敬语”。这个武器分类繁多，具体有尊敬语、叮咛语、谦让语……要掌握这些实属不易。

实际上，作为商务人士，即使是积累了多年职场经验的人，也常会有一些“疏忽大意”的时候，结果导致对方感到不快，使得商务合作不得已以失败告终。这样的“大意”其实并不少见。

比如去接客户的时候，“いつもお世話になっております（一直以来承蒙您的关照）”这样的话是少不了的。如果想要更郑重一些，却说成“いつもお世話様でございます（一直

以来承蒙先生您的关照）”是不可以的，因为这句话用到了日语里的敬称“様（先生/女士）”，还用到了“ございます（结尾词无具体含义）”。采用这种郑重的说话方式的人，恐怕是担心自己显得还不够尊敬。然而“お世話様（承蒙照顾）”其实是对地位比自己低的人表达谢意的说法。

所以出口之前需正确认识对方与自己的立场。

基本上就是要**“捧高对方”“降低自己”**。在需要委托对方，或是跟对方寻求意见的时候，可以这样说：

“您能……？”

“您觉得……如何？”

“关于……您的看法是什么呢？”

而如果对方提出委托和要求，可以说：

“好的。”

“好的，了解。”

“就……请允许我这么做。”

“我会认真思考的。”

类似这样的话。

应允的话语“明白了”不是成人的商务用语，至少在与客户的对话里是不能用的。

◆ 敬语不是一种束缚，而是一种“想法”的表达

可能跟客户介绍自己的上司等情况的时候，也会让你有些头疼。

“铃木部长，还请让我给您介绍一下。这位是我们公司的佐藤科长。”

虽然这么介绍没有什么违和感，但在日本商务场合有这么一个不成文的规定，那就是**“职务”是某种“尊称”**。跟客户介绍自己公司的人时，称“佐藤”为“佐藤科长”是很奇怪的。这里应该这样说：

“这位在我们公司担任科长一职，叫佐藤。”

“这是本公司的营业科长佐藤。”

在公司内，当然可以加上科长的尊称，但是在客户面前，即使是自家公司的社长，介绍的时候也得说是“我们公司的社长山田”，这无疑是商务场合的常识。

和对方面对面时，总会有许多情况发生。

能否敏锐地嗅出其中不对劲的地方，展现一些细节之处，是话术能人与不太会说话的人的不同之处。

比如，和对方初次见面，日语里有“初めてお目にかかります”“お初にお目もじいたします”等，都表示初次见面

的意思，这样的寒暄和突然自我介绍说“我是某某商事销售1课的佐藤”相比，给人留下的印象大有不同。

对方来访时，可以跟远道而来的客人说：“您特意远道而来……”

还可以考虑到炎热或寒冷的天气、气候说：“您严寒之中……”“您酷暑之中……”“在这因天气行动不便的日子，您还特意前来……”等，这样表达可以改变留给人的印象。

因为对方为了和自己见面，专门挤出时间前来，所以表达的时候，关键是表现出这种**“由衷的感谢之情”**。

◆ 根据时间、地点、场合改变说话方式

过于纠结敬语的使用，有时候也可能给自己挖坑。

“我听闻铃木部长先生的高尔夫球技了得。”

像这种敬语就有些使用过度了，一旦发现自己不太习惯用“敬语”，而又想多加使用的时候，就容易出现这样过度的状况。

在使用敬语的时候，也常会有“用过度不如不用”的情况。滥用敬语，与其说是感觉好坏的问题，不如说是表面恭维，实则内心傲慢的态度问题。

像是“听说铃木部长高尔夫球打得很好”，比上一句要让

『敬语』的种类

● 尊敬语

对对方及对方所持之物、动作表达敬意的言语

- 动作加上「**お**（**ご**）……**になる**」「**お**（**ご**）……**になさる**」

  例如：「**お**食**べになる**（吃）」「**ご**辛抱**なさる**（忍耐）」
- 加上「**れる**」「**られる**」

  例如：「行**かれる**（去）」「来**られる**（来）」
- 事物加上「**お**」「**ご**」

  例如：「**お**話（话）」「**ご**説明（说明）」「**お**位牌（牌位）」「**ご**承知（理解）」
- 带有「尊敬」意义的特定词汇的使用

  例如：「**お**越**しになる**（来）」「**いらっしゃる**（在）」「御覧**になる**（看）」

● 叮咛语

通过使用郑重的措辞，来表达对对方的敬意

- 词语末尾加上「**です**」「**ます**」

  例如：「今日**は**晴**れです**（今天是晴天）」「傘**を**持**っていきます**（带伞走）」

・加上接头词「**お**」「**ご**」

例如：「**お**言葉（话）」「**ご**伝言（传话）」「**お**名前（名字）」

・使用特定的语言来表现郑重

例如：「**こちら**（这）」「**あちら**（那）」「**いかが**（如何）」

●谦让语

自降身份，相对地抬高对方以表达敬意

・加上「**お**（**ご**）……**する**」「**お**（**ご**）……申し上**げる**」

例如：「**お**伝**えする**（转告）」「**お**願**い**申**し**上**げる**（恳求）」

・加上「**させていただく**」

例如：「**ご**一緒**させてくただく**（请允许我也一同）」「変更**させえていただく**（请允许我变更）」

・对方的动作加上「**お**（**ご**）……**いただく**」「**お**（**ご**）……**くださる**」

例如：「**お**書**きいただく**（写）」「**お**食**べくださる**（吃）」

・使用带有谦让意思的特定言语

例如：「申**し**伝**える**（传达）」「拝見**する**（拜见）」

人好感度提升不少，语言上也更干净漂亮。所以把握好敬语的使用程度是相当重要的。

“前些日子提交的策划书，我觉得挺好的。”

对于客户表扬的话语，如果回答：“您过奖了，您能这么说是我的荣幸（不敢当不敢当）”，就容易让对方感觉你有些过于谦卑。

这时只要说“不好意思了”“谢谢”这样简单的话即可。

简而言之，使用敬语的关键在于懂得分场合，把握好说话的尺度。

第 2 章

掌握社交礼仪的运用能力

海外出差 “笑脸”是各国共通的护照

◆ 去国外出差是考验礼仪的“重要场合”

每个国家都有每个国家的个性，不同国家会因为地理、文化、习俗以及风土人情而不同。到国外出差，外国就成了考验我们礼仪的重要场合了。

前往国外，我们大多会住在酒店，酒店的工作人员都是服务行业的专业人士，对于客户提出的要求，一般他们都会尽量满足。

在酒店，服务员们会排成一列，这些人里有负责整理床铺、打扫屋子的清洁员；有迎送客人的门卫；有负责叫车以及帮忙搬运行李的行李员，以及负责帮忙订机票、预约剧场、餐厅等，有“万事通”之称的酒店迎宾员……要想在酒店过得舒适，关键在于懂得怎么利用这些人员。

这里就不具体说明利用这些人员的方法了，关键在于**“微**

笑”“寒暄”和“感谢”这 3 点。要配合笑容说“Good morning/afternoon.（早上好或下午好）”。如果这些服务人员为自己做了些什么，一定要加上“Thank you（谢谢）”。试着这样做，他们的心情会变得更好，也更愿意为你提供服务。

◆ 当清洁员都忍不住吐槽的时候

另一方面，住客在酒店也要遵守礼仪。虽说床铺和房间会有人为住客打扫，但是随意弄脏房间、东西乱放的行为，会有辱自己的国家。

床上的毛巾弄成一团扔在地上，烟灰缸满是烟灰。不知道用来做什么的纸巾，随意丢到垃圾桶旁。去浴室一看，浴巾、毛巾等满室乱扔，浴缸和洗脸台上的水槽到处都是头发。

即使酒店房间可以自由使用，这样做也太过分了。我想清洁员刚进门的时候，肯定也会说：“Oh my God!（我的天）”

所以我们外出住店，离开之前，应当把屋内明显的污渍和脏乱收拾好、弄干净。希望各位能养成这样的礼仪习惯。

在自己家里，谁都不会把浴室里的毛巾弄成一团扔在床上，或是把肥皂丢到浴室地板上。在酒店就可以为所欲为，这样的歪理其实就是一种自私。

打扫完房间后，可以把巧克力或糖果放到床上，给酒店方一点心意，作为他们周到服务的回礼，在枕头下面留下一纸信息，也是一个聪明的做法。像是“Thank you for your kindness (感谢您的善意)”等，留下这样简单的语言，第二天清洁员看到，会对你的态度有些许变化。

◆ 容易弄错的小费

来说说到海外出差时，会遇到的最大问题吧，那就是小费。没有付小费习惯的日本人，可能会对这个问题深感困惑。“要给多少”“什么时候给”“怎样给”这些问题，都会让人烦恼不已。每次付小费的时候，日本人时常困扰得眉头紧蹙。

那为什么要收小费呢？因为这些小费是**工作人员的收入来源**。所以他们有权利埋怨不付小费的客人：“居然不给小费！”

付小费的技巧在于不羞涩、不困惑，要大大方方给工作人员付小费。在餐厅吃饭时，没有人会为付款结账而感到害羞。所以我们只要想着**“小费也是费用的一部分”，**即可“大方”且自然地付小费了。这一过程中，也需要用到“笑容”和“感谢”。

小费的金额标准，如在餐厅或打出租车，为费用的 15%~20%。其他则以 10%为宜。在出租车司机找回的零钱大概可抵小费的情况下，可以说：“Keep the change（留好小费）。”

有信用卡的情况下，可以在信用卡的费用明细上填入自己要支付的小费金额，然后签名支付。

客房服务时间结束后，如想在酒店喝苏格兰加冰威士忌，跟酒店说一下，会提供给你的。在接受类似这样的特殊服务时，小费以费用的 2~3 成为宜。虽然不同国家的具体情况会有所不同，但是出门在外，还是要多留心小费的问题。

在国外，有些餐厅会把服务费包含在费用里面。费用单上会写有“included（已含小费）”，表示已事先加入服务费，所以不需要再给小费。

◆ 是选择一流酒店的最低费用，还是二流酒店的最高费用

国外出差还有一点需要考虑，就是酒店的等级。

如果是到国外度假，选择自己喜欢的地方入住就好。问题是，因公出差等情况下，该如何抉择。

公司有规定相应的出差费用，所以选择酒店的时候，还是有一定的局限性的。尽管如此，这里面也是有选择的空间的。

一般来说，会有两种选择。要么选择住在高级酒店的便宜房间，要么就是星级较低的酒店里的好房间。

在一流酒店选择最廉价的房间，还是在二流酒店选择最高

价的房间，当两者之间在金额上并没有太大差别时，你该如何抉择呢？

当然要优先选择较高级的酒店了。

在和当地客户的交流中，我们常常会谈到这个话题。

“话说，你今晚住哪儿？”

这里是要回答一流酒店的名字，还是二流酒店的名字，不同的名字会让对方产生不同的想法。如果说的是一流酒店的名字，他就会想：“住的酒店真不错呀，和这样的人谈生意真有面子！”

即使他没有想到那份上，也会无形中提高自己公司的信用度。

而如果说出二流、三流酒店的名字，他难免会想：“住在那地方，也就比胶囊酒店好点而已。这公司没问题吧？”

如果是常年合作的客户，就没这方面的问题；而合作历史尚浅的客户，事实上我们所住酒店的等级，会影响他们对我们公司的信用程度。

前大仓酒店社长野田岩次郎，在第二次世界大战前，还是一名商社的员工。那时，他一定会选择住在国外最顶级酒店里最廉价的房间，在安静的酒店大厅进行商谈。虽然住的是阁楼房，但对方并不会在听到酒店名后，还穷追不舍地问：“你住在什么房间?”

对方脑子里只会输入:“这人住在一流酒店。”

可以说这是一种商务策略。我认为即使经费不够，出差在外，也应该自己贴一些钱，住在高级酒店里。

海外旅行 一些在日本的常识，在国外并不适用

◆ 日本人的摄影喜好居然会成为麻烦的源头？！

到国外出差，工作之余，应该有自由玩耍的时间。这时可以悠闲地漫步于海外的街道上，或是到观光地打卡。无论是哪种方式，要是在难得的非工作时间，只待在酒店睡懒觉，那就真是浪费了。

无论是哪个国家，外国的一些习惯会和日本有很多不一样的地方。如果不加思考，仍按日本的方式去做，就容易招致外国人的反感，引起麻烦，因此出差前，最好事先学习到访国家的礼仪。

有不少欧美国家的教会、寺院是**严禁进行内部摄影**的。戴着眼镜，脖子上挂着摄像机，这样的装扮就容易让人觉得是日本人。因为这样的日本人太多了，以至外国人有这样的印象。有些日本人在国外喜欢疯狂拍照，喜欢拿着摄像机到处拍，这种行为在外国很容易引起纠纷。

寺院和教会是神圣的地方。摄像机的闪光灯在这样的地方不断闪烁，会被认为是在亵渎那里的神圣。美术馆也基本上禁止摄影，酒店大厅、餐厅，也是要小心的地点。

如果想着:“这酒店大厅格调真高，要不拍一张吧!”然后草率地拿起相机拍摄，可能就会有人因此脸色大变，投诉拍摄者。

欧美国家**特别讲究肖像权**。如果某个人偶然进入镜头里，拍摄人就有可能被告侵犯肖像权。

另外，有些国家会禁止在机场内进行拍摄，军事设施更是绝对禁拍的。

所以在摄影前，要留意周围环境，确认是否有“有危险的人事物”，希望各位出门在外多加注意。

◆ “购物”也有最低限度的注意事项

在国外出差，肯定少不了给家人和亲朋好友当“人肉代购”。

像是路易威登、普拉达、香奈儿……他们大多会让你去买名牌货。

日本被世界冠以“名牌消费国”之称。品牌店门外排长队的景象也屡见不鲜。然而在国外，我们要注意与在日本购物的不同之处。

在日本，货柜上会排好包包、衣服，让客人自己来拿。而欧美国家的商店并不这样摆放。客人想要什么商品得跟店员讲，**让店员拿货**是海外购物的规则。

如果被店员询问："Can I help you?（需要帮忙吗?）"你可以回复："Could you show me this one，please?（能给我看看这个吗?）"然后指一下商品，让店员给你拿就好。如果不这样说，在商店里看似没有购买欲望的日本人就容易被店员冷眼相待。而如果随意伸手去拿商品，那必然会被工作人员皱眉嫌弃。

此外，在即将关店时冲进店里匆忙购物，要做这样的事之前，得好好考虑清楚，是否该这么做。因为当地员工严格按时上下班。

有这么个笑话，有人在英国某家商店快要关门前赶进去购物，包装的工作人员看着钟表，对顾客说："抱歉，今天要关门了，请您明天再来。"然后停止做到一半的包装工作。这个笑话可以说并不夸张。

在日本的话，稍微过了营业时间，日本工作人员也依然会招待顾客，但如果期待欧美国家的工作人员宽容一下，那只会让你失望。

◆ 在海外要自己负责危机管理

说完了海外购物的注意事项，这里再补充一点，那就是抱着好几个带有品牌店商标的购物袋，悠闲地走在街上的行为是“很危险”的。

在海外遭遇扒窃、抢夺等损失的日本人络绎不绝，这是由于人们的危机管理意识低下造成的。

在国外，自己（包括所持物品）保护自己是基本的规则。如果遇到偷盗抢劫，说被偷的一方不对，反而会被认为是常识。炫耀一般地提着名牌店的购物袋，就像是在吹嘘“我是有钱的日本人”，就很可能成为坏人的目标。

因此出门在外，建议各位要有危机管理能力。具体来说可以这样做，逛完品牌店后，先低调回酒店，把东西放到房间，然后再去吃饭、观光。

所有行动都要**对自己负责**，这是在海外出差要遵守的大原则。

交通工具 通过坐序表达敬意

◆ 车位是个学问，火车、飞机上的座位不可随意就座

出差会有和客户同行的时候。出行安排由我方负责的情况下，同行的时候我们需要牢记一些注意事项，否则会影响到公司的评价。

在需要乘车的场合，**坐在车内哪个位置**就成了个问题。

这里面其实是有讲究的。如果是出租车之类的车辆，驾驶座的后面一般是给地位最高的人坐的。其次是副驾后面的位置，然后是后座中央位置，最后是副驾的位置。

所以，如有 2 人同行，并存在上下属关系，车来了得先请客户方的上司坐上座，然后绕到反方向打开车门，让另一位坐到次座上。而自己则要坐在驾驶员旁边的座位，这是符合礼仪的就座方式。

列车和飞机一般以靠窗的一边为上座，但是具体要看个人喜好。

如果是我，就一定会选择靠走道的座位。因为如果靠窗坐，那么起身去洗手间的时候，会非常不方便。如果旁边的人睡着了，叫醒别人又不太好，就只能憋着等对方醒来。

就座时，要跟客户说“请”，然后试着让客户坐靠窗的座位。如果他表示想坐靠走道的座位，那就让他坐靠走道的座位。如想更加周到，还可以考虑座位能否看到窗外的风景。

比如在飞机上，右边窗户的风景和左边窗户的风景是不一样的。比如在空中，可能从右边窗户可以俯瞰到富士山，而左边的窗户只能看到一望无际的大海。

飞机航行途中，如能遇到“从上空俯瞰的绝美景色”，就应事先预订好可观景的座位。预订机票的同时，也可以订座，所以只需告诉工作人员：“请帮我订可以看到富士山的座位。”

虽然对方可能不会注意到这些细节，**但不经意地在某些地方为对方着想**，是一种高级礼仪。“哎呀，今天真是好好看了回富士山，太棒了！”客户的感叹，也能让自己心里生出一股成就感。

◆ 住宿地的选择是提升好感度的要点

在住宿的地方做好一些细节工作，能让客户的心情变得愉悦。

酒店的话，一般我方住在普通的单人房，客户则是双人房，或是上层的观景房。

如果是洋房和日式房间这两类酒店，此时就得询问客户："洋房和日式房间，您选哪个？"然后为客户准备好他喜欢的房间，这样做能让客户觉得："他们居然想得如此周到。"从而感到十分满足。

另外有一点要注意，房间要是超乎想象的好，有时会让人无法冷静。

很久之前，我第一次去美国的时候，来到一家叫伯克利的酒店，酒店房间一晚 50 美元。当时 1 美元相当于 360 日元，经过换算的话，就是 1.7 万日元~1.8 万日元。

那时我的工资是 3 万日元左右。因此对当时的我来说，这是非常高级的房间。

那已经不只是房间"宽大"了。房间被分割成 3 个空间，宽敞到让人不知道该站哪里的程度。

"开玩笑的吧，怎么会这么大？这么大的房间就我一个人住？我怎么睡得着呀！"

当时我的心里是这样一种心情。这是很久以前发生在我身上的一件趣事了。但从中可以得出一个道理，那就是房间的挑选得与住房者的身份相符，这样才能让人住得安心。

◆ 事前准备是否充分决定早餐环节能否顺利进行

回到正题。住酒店的话，一般第二天一早，要和客户在酒店大厅或是酒店里的咖啡厅会面。

虽然正常来说，要在前天晚上就确认好时间，但在见面当天，最好还是提前 10 分钟，到达约定的地方等待客户。“准时”不会失礼，但比起让人等，等待对方绝对能提升对方对你的好感。

如果约好一起去吃早饭，要提前确认酒店内的餐厅位置。无论客户是喜欢日本料理还是西餐，都要做好带路的工作，能为当天的商谈起个好头。

吸 烟 该吸，还是不该吸？

◆ 除了禁烟区，也有一些场合是不能吸烟的

飞机上彻底禁烟，新干线上大多数车厢也是不能吸烟的。在餐厅里也分吸烟区和禁烟区，企业办公室内为了禁烟，还分设出了吸烟区。

既然决定了规则，当然就要严格遵守。

在标明禁烟的场所就不能吸烟，这是我们要做到的。

但是，我认为，**在可以吸烟的地方，也最好不要吸烟**。这种忍耐，其实是一种高级礼仪。

比如在寿司店里。

轻轻捏起比目鱼的边缘，将整块寿司放入口中，咕嘟一声，再灌上一杯烈口的冷酒。虽然这一瞬间会让人觉得“生活真美好”，但这时如果店内烟雾弥漫、烟味扑鼻，会破坏掉鱼的鲜美风味。感受若隐若现的海岸清香，是享用寿司的最大乐趣，因此在寿司店内不要吸烟。

不仅是寿司店。在法餐、中餐里，**香味都占据着重要的地位**。如果破坏了细腻的酱汁香味，即使是最高级的菜肴，其质感也会下降许多。实际上，在欧美地区，餐厅基本上是全面禁烟的。

考虑到餐厅“想要以最高级的状态来服务最高级的食材”，控制吸烟也就没什么异议了。

另外如果环顾四周，发现附近有小孩时，也是不能吸烟的。说句题外话，曾经有新闻报道过，日本皇室秋筱宫文仁亲王在真子公主出生后，会到阳台上吸烟。

有人吸烟，周围的人也得跟着吸二手烟。我们希望**为孩子营造禁烟的环境**。虽然知道吸烟百害而无一利，但仍在吸烟的“明知故犯者”们，在这种情况下，还是应当自律。

高尔夫球场上打球的时候，也是被要求严禁吸烟的。对于这点，我个人有不同的看法。在这令人心旷神怡的草场上，吸烟爱好者们会想要抽烟放松，这无可厚非。

高尔夫球场方一般会以随意丢弃的烟头容易引起火灾，酿成大祸为理由禁烟。但其实现在也有便携式烟灰缸，如果能做好这方面的管理就不用非得禁烟了。而吸不吸烟，就是高尔夫球玩家们的道德问题了……当然，我去打高尔夫球时，肯定会带上便携式烟灰缸。

◆ 商务场合能否吸烟?

一般来说，在商务场合，**去拜访地是不能吸烟的**。但如果对方在吸烟，也可以事先征得对方同意后吸烟。当然，在明明没有烟灰缸的情况下，还问“有烟灰缸吗”这种做法就很没常识了。

在外抽烟，走路的时候往往要丢弃烟头。因此最好常备便携式烟灰缸，这样边走边吸烟也没关系。如果没有准备，那当然要忍耐了。

在日本的街角，我感觉烟灰缸摆放得太少了。在新加坡吸烟是有惩罚规定的，因此新加坡的地面是出了名地干净。在新加坡的主街、乌节路等地方，到处都摆放有烟灰缸。如果有就近的烟灰缸，想必谁都不会乱扔烟头了。“基础设施”的不完善，在某种程度上也为道德低下提供了“一臂之力”。

禁　句　回避一触即发的危险吧

◆ 在国外，政治、宗教是危险的话题

语言里蕴含着感情。所以有时候自己说出来的话，会扰乱对方的心绪，让人暴怒。

“宗教”“政治”“职业棒球”等话题，最好不要在外谈论。

尤其是前两个话题，在任何国家都要禁言。因为在有些国家，人们有明确的宗教信仰。

比如新教徒和天主教徒，连结婚都是不被允许的。恋爱中的两人会被强制拆散，“罗密欧与朱丽叶”的悲剧至今仍在延续。

不仅如此，**围绕着宗教的杀戮和战争**，如今不仍然没有灭绝吗？在外国，有不少像是一旦表明自己是虔诚的伊斯兰教徒，就会被对方挑衅的事件发生。

但是在日本，却不怎么会因为谈论宗教的话题，而令对方感到不愉快或愤怒。

在日本，婚礼可以在教堂举办，新年会去神社参拜，葬礼以佛教的形式举行。虽然也有一部分热血信徒，但当这些人说“道元果然是最棒的宗教家”的时候，并不用担心真言宗的信徒会怒言：“你别忘了！还有空海，别只说道元！找碴是吗，出来单挑呀！”

政治也是如此。比如在美国，共和党的支持者和民主党的支持者是完全对立的。狂热的总统大选中，没有人是保持中立的。

谈论政治话题容易划分出“同志”和“仇敌”，和睦的氛围会因此一下反转，变成**一触即发**的紧张气氛。

而围绕政治展开的激烈论战，在现代日本是不可能发生的。

◆ 提前做好信息收集，是构建良好人际关系的关键

职业棒球这个话题，多少有些不可谈论的禁忌。

不同的球队会有不同的狂热粉丝。跟他们打听情况，还会发现他们有自己喜欢聚集的酒吧。还会有一些酒吧专门写明：“拒绝巨人队粉丝以外的人士。”如果不知道这些情况的老虎队粉丝误入其中，就会十分郁闷了。

“哎呀，你看了昨晚阪神老虎和巨人的对战了吗？那场真

精彩呀！巨人队输得可狼狈了，真是活该！哎呀，今晚真高兴，万岁！”

如果老虎队的粉丝忘不了前天晚上的兴奋，对旁边的人说起这样的话，那之后会发生什么就不堪设想了。

即使没到那种程度，如果不知道客户是阪神老虎的球迷，站在偏袒巨人队的立场上谈论棒球的话，也是不太好的。即使不会直接对商务产生影响，也会成为人际交往的障碍。

◆ 信息准备不足，会让人想厉声斥责

不管怎样，在对方的兴趣、嗜好、感兴趣的对象……热衷的领域上，在实际情况还没有弄清楚之前，不要轻易把这些作为话题提出来比较好。

就商务场合来说，**信息准备工作没有做充分，可能会惹对方生气**。

比如，客户公司的概要、背景、会见人的信息等，事先做好这些信息的收集工作是一种礼仪。

跟新任部长打招呼，如果问："田中部长，您以前是在哪个部门工作的?"这样的行为是很失礼的。这种情况下，一般要说："田中部长，仙台的营业所和这里，感觉是不是有很大不同?"要像这样基于对方背景来问候寒暄，才能称作一名合

格的商务人士。

我在和负责人一同出门拜见客户的时候，会问负责人许多问题，目的是了解负责人对客户的信息掌握了多少。

信息准备不足的人，必定是只会做表面功夫的人。当然这一点对方也会感受到。

“你到底想不想跟我们谈生意!”没做好信息准备工作的人，迟早得受到这样的斥责。

谢辞　说“失礼了”就是失礼了

◆ “全民失礼”的时代?!

办公室也好，餐厅、咖啡店等提供服务的场所也好，各位知道在这些地方，出现最频繁的是什么话吗?

不用统计都知道，那就是**“失礼了”**。这句话看起来很方便、很郑重，但其实也很敷衍。

上司叫你到办公室，你进去的时候说“失礼了”；访问客户，要进接待室的时候说“失礼了”；在咖啡店拿咖啡的时候，也说“失礼了”……

已故日本作家大宅狀一曾提出“全民白痴论”，而在现代日本，则变成了“全民失礼”。但在这世界上，“失礼”的场面多得数不胜数。

我每天要接触很多人，其中就有前来应聘的年轻人。因为是熟人、好友的介绍，所以我会尽可能抽出时间跟他们见面。但这些年轻人给我的印象，也都很喜欢说“失礼了”。

有人敲门，我说“请进”时，“失礼了，我叫大和太郎”。

100 个人里有 100 个人这样说。快餐店的手册也是如此，似乎这种说法已彻底印在了人们心里。

我听到这句话一般会暂时忍耐一下。

“请坐。”我说。

对方说：“失礼了。”

再次听到这句话时，我的忍耐就到了一个临界点。

“从头再来。”他们的表情呆愣，其中还夹杂着不可思议和不能理解的情绪。总之就是完全不知道怎么回事的状态。

但因为是我的命令，他们只能在茫然的状态下重新开始，结果还是一样。

于是我告诉他们：“你来这儿是为了失礼的吗？我可没拜托你做什么失礼的事，那你回去吧。”

当然，他们茫然的状态仍在持续。因为他们说“失礼了”，但没有做“失”了“礼”的事，也难怪他们不明白我想说什么了。

“我是来和你聊天的，我为了你腾出时间，所以你进来房间一点都不‘失礼’。当然坐沙发也是如此。如果你要进房间，应该说的是‘谢谢您给我时间’，别人让你坐，难道不应该说‘谢谢’吗？”

讲到此，他们似乎“恍然大悟”，但事后如不再对他们加以叮嘱，想必“失礼了”这句话，又会不断出现在他们的口中。

◆ 在大仓酒店绝对不能说的话

服务业也在肆无忌惮地使用着这句话，但唯独大仓酒店绝不会滥用。

送餐和咖啡的时候，也是“这是海鲜饭，请慢慢享用”“让您久等了，这是咖啡”。万一大仓的服务员说了“失礼了”，则会被我这个喜怒无常的老头责问：“我可不记得招过会在客人面前失礼的服务员，服务的出发点是不失礼。想法错误也得给我适可而止！”

◆ 能滋润人际关系的话语

另一方面，与“失礼了”相反，人们越来越少说**“谢谢”**了。表达内心感谢的“谢谢”，可以温暖人心，缓和人际关系，但是不知为何，却很少听到有人说谢谢了。

让人帮忙做某事时，现在的人们多是说“真是（麻烦您了）……”“不好意思”。

但是，“真是……”本来就没有实际的含义，“不好意思”

与其说是表达感谢，倒不如说是在抱歉。在外国的酒店接受服务的时候，如果说“I am sorry（我很抱歉）”，会让人很无语。

要想表达感谢，就要将心里的“谢谢”好好地表达出来。没有人会听到这句话而不高兴。即使面部表情不丰富的人，也会因为被人说“谢谢”，而脸色缓和，心有触动。

不知从什么时候开始，已经完全习惯了冷脸的妻子，在早上，把米饭和味噌汤摆到你的面前，此时也请试着说声“谢谢”。

如果两人的关系已经恶化到无法修复的地步，那就另当别论了，但一般来说，妻子听到这句话，脸上也会流露出笑容。

今天的日本，说“失礼了”和“谢谢”的使用频率如果能够调换一下，或许杀人事件会骤减，并能滋润人际关系。

幽　默　凸显"大人品位"的高级会话

◆ 日美两国的幽默之差

谁都知道，幽默是**会话的润滑剂**。但要成为幽默达人，却是一件很有难度的事。我们不得不承认，外国人在幽默感上更有经验。那么下面让我们见识一下他们的幽默吧。

美国的某个酒店餐厅里，发生了这么一件事。那时我和我的一位熟人在餐厅里，熟人点了一份牛排，然后拜托一位年长的服务员："麻烦来份英式芥末。"

这里先说明一下，一般来说，在美国点芥末都是加醋的法式芥末。因此常常有现成的瓶装法式芥末。而英式芥末因为没那么流行，所以没有现成品，如果客人要点，就得从磨粉这一步开始。

我的朋友就是想要那份比较麻烦的英式芥末。

服务员两次回复："Yes，sir（好的，先生）"，然而，心里估计会嘟囔："什么呀，点了个那么麻烦的东西。"

过一会儿，那位女服务员端着一盘牛排过来了。然后把牛排放到桌上，并添上由她亲手研磨的英式芥末，同时朝我的朋友露出微笑。

“你好，这是英式的哦！但是这样的辣度对身体可不好。因为你那么喜欢吃辣，你看……”

她指了指我朋友的头。

我朋友头发比较稀疏。她将我朋友喜欢英式芥末这样“辣的东西”与“头发稀疏”联系在一起，对于我朋友提出的麻烦要求，她用有趣的方式回怼了过去。

即使朋友嘴上犀利地反驳道“烦死了，要你说”，但我和他都被逗得爆笑成一团。

美国人特有的开朗、表情和动作，再配上年长阿姨特有的气质，所有相搭在一起，即使说的话听着不太礼貌，也能升华成幽默，真是好手段。这种程度的幽默是日本人很难做到的。

下面轮到日本人来展现幽默了。

忘了是什么时候，我曾在一家位于麻布的荞麦面店就餐，当时衣服被人弄上了荞麦面。当然，弄的人也不是故意的，而且还拼命道歉了，所以我就想“算了算了”，但后来他递给我一封信。我一看，上面写着：“这是洗衣服的费用，还请收下，在此深表歉意。”信封里面还放有 3000 日元。或许是想以幽默的方式收尾，纸上还印了一句："居然弄脏了这样的东西，开什么玩笑，你这个混蛋！"

没有幽默感就容易把幽默变成神经质，上面讲述的故事，就是个典型的例子。如果从事商贸的人都是这个样子，那可以说日本人的幽默感真是令人堪忧。

◆ 高明的幽默才叫优秀

要熟练掌握幽默，就要有广泛的知识和丰富的经验，而且还要有优秀的平衡感。

即使品位很难培养，也可以通过学习来磨炼幽默感。

在《江户小笑话》和《法国小故事》之类的故事里，就有好多笑点。多读读这些作品，即使是没有幽默感的人，也能培养出幽默感来。

里面一些生动有趣的故事，会激发人的动力，让人有"我也学一下吧"的冲劲儿。

第 3 章

餐桌礼仪
扮演干练的大人

接　待　不同料理前的贴心之举

◆ 接待的时候，“席位”能进行无言的表达

在日本商界，应酬依然是工作的一环。虽然具体很难说这能给工作带来多少效果，但是接待的安排工作必须得做好，并让对方感到满意。

接待最开始的准备工作，当然是**选定场所和提前预约场地**了。

在欧美有这样的不成文规定，那就是“餐厅要预约后再去”。虽然在日本有很多餐厅可以“不用预约”，但是接待的时候，一定要做好预约工作。当和要接待的人一同到达餐厅，如果餐厅服务员说“实在抱歉，现在没有位子了……”，对方当然会“脸色难看”起来，心里上火，怒气满面。

预约一般要正确告知人数和时间，如果可以，最好**把想要坐的位置也告诉餐厅的工作人员**。比如挑选位于高楼最顶层的餐厅时，靠窗的位置和不靠窗的位置看到的景观是完全不一样

的。前者可以在就餐时，俯瞰到霓虹灯下的“海洋”。对方也会感叹：“哇哦，这景色绝了！”而如果在不靠窗的位置就座时，“如果这个位置是靠窗的，那肯定会很棒”，对方会有意无意说出这样的话，间接表现出对接待人员安排工作的不满，这也是可以理解的。所以如果餐厅有特等座，最好提前弄清哪些是容易让人“扫兴的”座位。

◆ 喝啤酒就显得太平庸了

吃西餐的情况下，在提供就餐服务之前，可以先喝点餐前酒来促进食欲。这种情况下，建议喝一些**正宗的餐前酒**，可以借此提高客户对自己的印象分。一般来说，可以点雪莉酒、基尔酒、皇家基尔（卡西斯利口酒加香槟）。

当然，点什么酒还是要以对方的喜好为主，当说“先来杯酒”的时机到来时，可以体贴地给对方推荐：“您看来杯基尔酒如何？”这是接待人员的重要素质。

◆ “面面俱到”是高级的技能

预约的时候可以先定好菜，也可以在双方都开完会后，给对方介绍要就餐的地方有什么菜，包括一些店内的招牌菜等，让对方提前了解“菜单信息”会比较好。

“这次您光临的餐厅主菜是烤牛排，您看可以吗？”

因为接待的嘉宾喜好各异，所以事前先跟对方的负责人打听好情况。

“实际上，我们部长不能吃肉。不好意思……” 事前打听能知道这些信息。而如果未事先打听就预约，那么对方部长作为这次接待的嘉宾，就会对接待工作感到不满。因此，事先做好信息收集工作，是成功接待的一个关键。

比起在餐厅里让上级选择自己喜欢的菜，上级会更喜欢对方能够不言自明。

我在大仓酒店和嘉宾就餐的时候，会用嘉宾专用的菜单，而不用我手里的菜单。当然，菜单里的菜都是一样的，但我的菜单上面会写着价格，嘉宾用的菜单没有写价格。

如果菜单上标明价格，人都会自然而然地看价格，嘉宾也会对菜单上面的价格有所顾虑。

比如会想：“鹅肝酱呀！真想尝尝看，但是，这价格也真高！点这个可能会被人觉得我很贪心，还是选其他的吧。”

所以为了让客人不担心价格，选择自己喜欢吃的东西，可以给客人准备一份**没有价格的菜单**。不少一流餐厅都会备有这两种菜单。发菜单之前，可以事先嘱咐服务员：“给那 5 位客人没有标明价格的菜单。”

这样做就能照顾到上级。如果对方看出来了，就会觉得“这位安排接待的人想得真周到”，给出高的评价。

接待的收尾工作是结账。如果感觉整个会面差不多要结束了，起身去收银台结账就好了，也可以就餐前先用信用卡预付。为了结账而让客人到餐厅的出口等着，会让客人的体验感很不好。所以要提前结账，然后说：“今天真是谢谢您了，那么我们走吧？”“**提前到收银台结账**”是接待的铁律。

日本菜　从筷子开始到筷子结束

◆ 要正确使用筷子，就要去“习惯使用筷子”

筷子是极为优秀的就餐工具。它既可分割肉，也能轻易夹住鱼肉，甚至是一粒小豆子。它是一个兼具多个功能的就餐用具。

但是，只有知道**筷子的正确使用方法**，才能实现上述功能。

日本菜的礼仪“核心”，可以说在于筷子的使用方式。如果能很好地使用筷子，即使言行上存在一些失礼之处，也能被掩盖过去。所以能否正确用筷十分重要。现实中，如果不懂如何正确使用筷子，还会遭到他人的蔑视，让人无地自容。学校堂食会有臭名昭著的“分叉式勺子”，也有人说这是筷子文化悲剧的开始，但是如果我们都有意识去学习和掌握用筷方法，就能在不知不觉中学会使用它。所以我建议各位要掌握这一技能。

在一些一流的日式餐厅，一定会有筷架。这种情况下，要记得除了手拿着之外，其他时候，筷子都要放到筷架上。生鱼片入口之后，人们容易不注意就把筷子放在放酱油的小碟上，所以使用筷子的时候，要牢记**“筷子不是在手上，就是在筷架上”**。

此外，要记住使用筷子的一些禁忌。像是“舔筷”“插筷”“靠筷”“咬筷”“滴筷”“游筷”“扒筷”“跨筷”等行为，都是禁忌（参考87页）。

平时不多加注意，到了关键时刻就容易露“馅”。所以我们在日常生活中，要有意识培养自己的习惯，不能犯这些使用筷子的禁忌。因为“比起学习，习惯更重要”。

◆ 一些小小的行动，就能让你成为礼仪通

那么，还是回到如何处理与上级关系的问题上。

上级说：“哇，这汤汁真是绝了！真想一口把它喝完。”

日本菜的关键在于汤汁。

用绝妙的高汤炖煮出来的时蔬汤汁，虽然味道极佳，但连汤都喝干似乎又有违礼节。

不过，**美味就是值得品尝**。

即使把美味吃得一干二净，不剩最后一滴，也不会显得不

使用筷子的禁忌

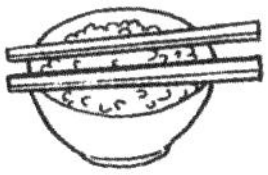
跨筷

扒筷

插筷

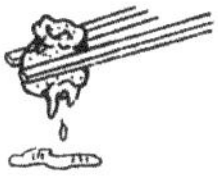
滴筷

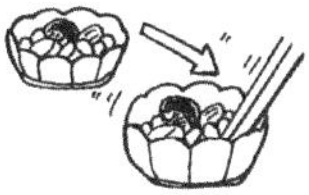
靠筷

游筷

舔筷

咬筷

摘筷

礼貌。不过如果是单手拿着碗咕嘟咕嘟地喝，那就不对了。此时应该双手拿碗，然后尽情享受美味的汤汁。

另外，将一些看似会滴汁水的菜送入嘴里的时候，需要拿盘子或盖子拖着。像是在盘里夹起菜，等着汁水滴干后再吃的行为，就与优雅相去甚远了，所以就餐时请避免做这个动作。

还有就是添饭的时候，正式的礼仪是**饭碗里要留一口量的饭**。

不过最近好像没那么讲究了，可能有些同席的人，还会嫌这样太正式了。这点大家稍微了解一下就好。

日式饭馆　比“谦让的美德”更瞬间的转机

◆ 通过“壁龛”区分上下座

“我果然还是喜欢吃日本菜。”虽然这么说，但在日本饭馆接待客户的时候，还是会发现很多和自己想象差别很大的地方。家里的“日本菜”，一般是米饭、味噌汤、烤鱼、紫菜、鸡蛋等食材的搭配，和在日式饭馆里的日本菜菜单虽然有相似之处，但也有不同的地方。

而且在这些饭馆，上菜之前也有诸多礼仪讲究，所以去这些地方前，得先记住一些礼仪。

在服务员的带领下进入餐厅内的包厢，能看到桌子和排列开来的垫子，这些垫子是按预约时的人数摆放的。当你想着自己难道是最先到的人时，可以好好观察一下座位。因为日本人对就座的位置十分敏感，**上座和下座是有区别的**。所以进入包厢之后，要快速环顾整个房间，想好该怎么就座。

首先要看**“壁龛”的位置**。

话虽这么说，年轻一代的家里都是洋房，可能也有人生来就没见过壁龛吧。壁龛位于离客厅地面稍高的位置，摆放着时令花卉，并悬挂着小小的画轴。

第一个上座是背靠壁龛的位置。离出入口越近，就越是下座。

这里还要注意一下庭院。日式饭馆多“以庭院为荣”。当被带到一个可以看到庭院的房间时，要记住**观景也是招待的一个环节**，这时需要请客户坐到面向庭院的位置，而接待方则坐在背对庭院的位置上。此时可以看到庭院景色的，当然就是上座了。不过座位的事，其实也不用那么操心，因为一般情况下，主办方都会提前发好座位表……

常见的是，接待和被接待之间会出现“您请您请”“不不，你来你来”互相让来让去的情况。我不知道这应该说是谦让的美德还是谨慎，但建议绝对不要这样做。因为如果接待方事先安排好了座位，如“（客户方的）部长请坐那，科长请来这”像这样把位置都分好，就能很快地解决就座问题。希望各位能具备这种利落地安排指定座位的应变能力。

◆ 用热毛巾搓脖子的行为十分不雅?!

全部人就座后，服务员就会上热毛巾。

“热毛巾吗？这应该只能用来擦手。”大多数人会是这个反应。

一些礼仪书上也会说：“热毛巾只能用来擦手。”但其实并不是这样。如果想用毛巾擦脸、擦脖子，大可不必顾虑。只要是衣服外露的部分，都可以用毛巾来擦。

最初提供的毛巾，会在客人们使用后收走。之后，会上来放在竹篮等框内的热毛巾，这第二条毛巾是用来擦拭就餐途中弄脏了的手指和嘴角的，所以这条毛巾就不能用来胡乱擦手擦脸了。

梳理一下就是，第一条毛巾用来擦手和脸，让手和脸变得清爽干净，第二条毛巾可以当作吃西餐的餐巾纸来使用。知道这一点，你就能在使用热毛巾的时候显得大方、得体。最近，有很多日本饭馆会提供大张的餐巾纸来替代热毛巾。

◆ “享受就餐的过程”是一种基础礼仪

就座方式也是有规矩的。实际上，也有些“礼仪通”们觉得这有点穷讲究。

具体来说，就座的时候，首先要保持两脚并立的姿势，然后手放两膝之上，膝盖弯曲……

这样做虽然没错，但每一步都要做得如此到位，以至于让

房间的座位顺序

[日式房间]

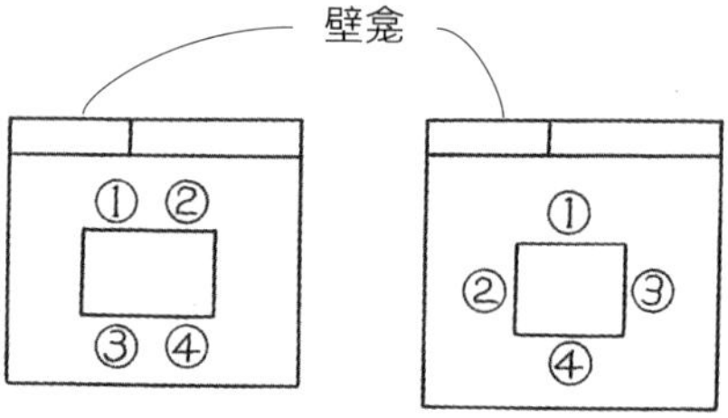

[洋房]

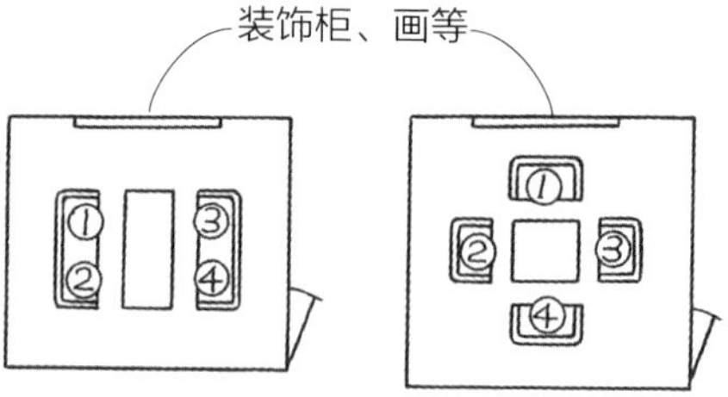

自己精神过度紧绷，那实在是太麻烦了，也没有必要。

如果接待方排成一排，然后按“就座规矩”教导客户：“脚要并齐，是的，手碰膝盖，然后膝盖弯曲。”这不就成了笑话吗？

自然地坐下就好了。另外，如果有人不怕辛苦，也可以跪坐，这可以自由选择，但是一般人跪坐久了，容易腿麻脚痛，这样就没法专心享用美食了，所以**盘腿坐也没关系**。

一些日本饭馆的小包厢还有固定脚炉①，能伸腿就座，所以应酬前可以事先做好这些饭馆设施的调查工作。

但是，如果看到客户跪坐，则要贴心地跟客户方说：“不用那么正式，膝盖会累的，您随意就好。”然后自己这边也盘腿而坐。

我个人来说，觉得跪坐的方式特别不舒服，而且也十分讨厌不能放开吃饭的感觉，所以一般我会早早地跟对方说明：“实在跪坐不了，我就盘腿坐了。”

不管是高级日本饭馆还是茶会，就座的“策略”都一样。即聚餐只有在**放松的氛围**下，才能让谈话和谐进行下去。比起死板的形式，更注重放松、和睦的氛围才是礼仪的初衷。

---

① 固定脚炉：在地板或榻榻米上有洞的地方放置发热物，可起到保暖的作用，能在里面伸腿。

旧时代的文化里，除了家主之外，其余人等都要跪坐就餐。然而在现代，基本上没有跪坐了，所以过分纠结就座方式并没有意义。

如果非得跪坐，把自己憋得那么辛苦，以为这样别人就会说：“贵公司的川岛，跪坐得可正式了，所以我决定和你们公司签合同。”那就大错特错了。

餐厅 主菜是“氛围”与“会话”

◆ 等级不同，规则也不同

餐厅也有不同的等级，我们需要根据餐厅的不同等级，进行相应的服装搭配。

如果客户在普通的餐厅招待我们，平常穿着较为随意的人，最好也收拾一下自己，夹克衫配领带的装扮会比较稳妥。

虽然日本的餐厅基本上没有硬性着装规定，但如果打听到要去的是“非常高级的餐厅”，那么基础搭配上，宜挑选深色系西装配上低调、雅致的领带。

有一点要注意，这种场合如果穿着随意了，会破坏餐厅的高级氛围，场面是很尴尬的。

我们已经知道，就座的时候，“互相谦让”的行为是不可取的。应当按照接待方的指示落座。

即使对方明显地位更高、更年长，因为我们是客人，于是说：“不不不，我怎么能坐在比部长您还要好的位置呢！这可使不得呀……”等这类过分客气的话，只会妨碍餐会的进展流程。

坐椅子的时候，可以尽量坐进去一点，从而有效利用椅背。为了让自己和桌子的距离保持在10厘米以内，可以把椅子拉近桌子一些，手腕轻放在桌上。

这样的话，脖子就能自然地伸展开来，保持优雅进餐的姿势。弯腰驼背并不雅观，会给人一种穷酸感。此外，我经常看到有些人就餐时翘腿，这样做是不行的。虽然说有桌子，看不到就餐者腿部的动作，但是下半身如此随意有失礼仪。

有些女性可能会担心：“不翘腿的话，你看，穿短裙的时候容易走光。”但是餐厅里可以用餐巾盖着腿，所以不必担心“走光”。

如果和恋人一起约会，穿迷你或超迷你短裙都没有问题；但如果是和客户一起吃饭，穿迷你短裙，是礼仪无知的一种表现。因为这可不是炫耀自己美腿线条的好场合。

翘腿吃饭不仅不雅观，也对身体不好。因为翘腿会使身体呈倾斜状态，食物就不能顺畅地进入肠道和胃腑里。

◆ 礼仪的诀窍是“模仿”

可能会有人不知道铺餐巾的时机。虽说一般人吃高级法餐的机会并不多，但一入座就铺开餐巾，一副“马上开吃”的样子是不行的。

这里成功的诀窍在于模仿主场人，也就是客户方的中心人物。偷瞄一下对方，当看到主场人拿起餐巾时，自己也跟着铺餐巾即可。

但是，有些主场人可能比较大大咧咧、不拘小节，会直接跟大家说：“来，开吃吧。”这种情况下，可以先静观其变，等到有几个人开始铺餐布的时候，自己才开始“走起”。

吃东西的时机也一样。即使对自己的礼仪没有自信，只要模仿主场人，就不会有大的失态。

有一点希望各位注意，那就是“热食要趁热吃，冷食要趁冷吃”。

难得主厨费尽心思烹饪出了美味佳肴，如果晾在餐桌上久久不吃，会影响食物的风味。话虽这么说，但是一个劲儿地吃东西，又会很奇怪。美食搭配餐厅的氛围，定能让食物达到最美味的状态。可以说这是对餐厅的一种尊敬。

◆ 就餐时，让美味和交谈一个不落

就餐的时候不能只专心吃东西，还要享受谈话的乐趣。即使有些场合不用自己提话题，也要懂得倾听，并微笑附和对方。当对方看向自己的时候，要礼貌地放下刀叉。

法餐会一个接一个地上菜。如果有一道菜吃得慢了点儿，吃完的人就得等着你吃完才能有下一个菜上来，所以吃法餐时，注意要跟着大家的节奏。

不过嘛，一边谈笑，一边吃东西，这样确实容易打乱就餐的节奏……

有烟瘾的人，就餐时最好不要吸烟。如果桌上放有烟灰缸，姑且可以看成是“可以吸烟”的标志，但是在高级礼仪中，就餐者应当在包括点心、咖啡的整套菜都上完为止自律禁烟。

吸烟之前，当然要征询对方的意见。不过如果一边吸烟一边就餐，就不能很好地品尝到烤牛排和烤鸭的细腻美味了。

晚餐　在何处都能大大方方的诀窍

◆ 刀叉是晚餐礼仪的入门

酒店的全套晚餐，桌上会事先配有刀叉、勺子，以及玻璃杯、面包盘等餐具。如果不习惯使用这些东西，就可能被这么多的餐具弄糊涂。但其实它们一点儿都不可怕。

掌握了这些餐具的基本用法，就能让晚餐顺利进行下去。餐具一般会放置在就餐者的习惯用手一边。使用餐叉的诀窍在于能否**分别熟练使用“插”和“舀”**这两个动作。

像一些豆类等小块食物，我看过有些人会吃力地用餐叉插豆子，其实不用这么麻烦。只需用餐刀把食物挪放至餐叉的凹陷处，就可以不那么劳心费力了。

一般法餐没有米饭，但在一些餐厅里，如果有米饭，有人会用餐叉的背部舀饭吃。但是外国人不会这样做，反而会震惊于餐叉还能这么用。他们会用容易装食物的餐叉凹陷处舀饭。

此外，像吃鱼肉等比较柔软、容易弄散的食物时，要身体前倾，将嘴移到菜盘上就食。这样的话，肉即使散掉了，也会稳妥地掉在盘子上，不会弄脏桌子。

整套菜的流程，一般**先上鱼，再上肉**。刀叉从外往内按顺序使用即可。

吃肉和吃鱼的专用刀具都可以用来切肉，麻烦的是骨头。因为鱼肉很柔软，与红肉相比切时的手感差别很大。切红肉的时候容易切得很费劲，弄得餐具叮当作响，有时候还可能一用劲，肉从盘里飞出去。

用错餐具时，叫服务员帮忙换掉，并说："谢谢！"就能完美地解决问题了。

◆ "无声就餐"的一些小诀窍

吃荞麦面和乌冬面时，吸食的声音越大越好，除此之外，就餐的时候尽量不发出声响。西餐里最麻烦的就是勺子了。因为不小心就容易有声响，但我们只要掌握一些小技巧，就能解决这个麻烦。

喝汤时之所以会发出声音，是因为汤会流下来，因此要注意改变勺子的拿法，以便让汤水能**流入**勺内。具体来说，先将勺子拿好，并送入嘴里，让汤从一端流入口中。但要注意，不要让勺子呈直角将汤水送入口中。在正式就餐前，将这一套动

桌上的基础配套餐具、装饰

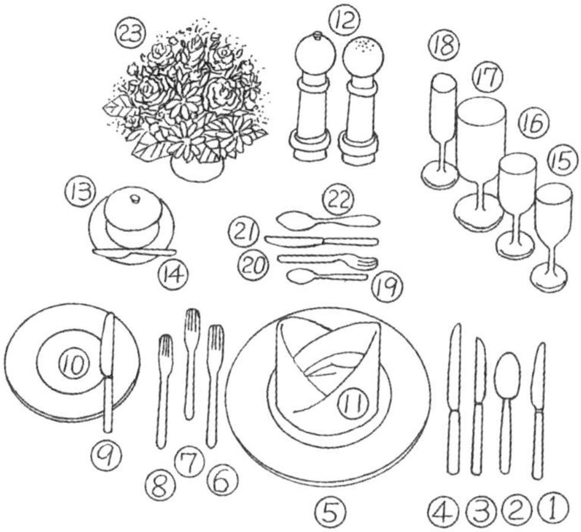

①头盆刀
②汤匙
③鱼刀
④肉刀
⑤装饰碟
⑥肉叉
⑦鱼叉
⑧头盆叉
⑨黄油刀
⑩面包盘
⑪餐巾
⑫调味瓶
⑬黄油冷却器
⑭黄油刀
⑮白葡萄酒杯
⑯红酒杯
⑰高脚杯
⑱香槟杯
⑲咖啡匙
⑳水果叉
㉑水果刀
㉒甜点勺
㉓桌上装饰花

作练个一两回，就能很快掌握要领。

碗里的汤水剩余不多的时候，可以用大拇指和食指拿住碗的一端，稍微往上提碗，接着用勺子在相反的一端去舀汤，就能把汤喝得干干净净。

而如果汤是装在带手柄的杯子里，当汤到了勺子很难舀的量时，你可以直接拿杯子喝汤。汤水再怎么难以送进嘴里，也最好不要用面包蘸着汤吃。

虽然也有用面包吸汤汁吃的方法，但这仅限于汤汁而不是汤水。因为在西餐里，汤汁是经过多番凝练的精华，是展现大厨功力的地方，所以吃完大鱼大肉，剩下汤汁的话，就着实可惜。而要喝菜里的汤汁，用刀叉的话又有些束手无策。

此时面包就该登场了。将面包撕成小块，然后蘸着汤汁吃，就可以解决这个问题了。日本人可能会觉得这样有些失礼，但我认为可以不用那么认真，这种吃法可以看作是对礼仪一种小小的脱离。

◆ “有始无终”也是礼仪

在点心和咖啡都吃完、喝完之后，就要离开座位结账了。晚餐最后的礼仪是要将餐巾从膝盖处放回桌上，虽然只是一个小小的细节，但能看出用餐人是否真的有素养。

让我们回想一下刚来到餐桌时的情景吧。有人会回想到："对了，那时餐巾漂亮地叠在桌子上！"于是就想起"善始善终"这个成语，想着即使不能像专业人士那样把餐巾叠得漂漂亮亮，最后至少也要把餐巾叠整齐。但这样做反而是失礼。

吃完起身准备离开餐桌时，不能把餐巾叠整齐。

为什么呢？如果把餐巾叠整齐了，在欧美会被认为是**"今天的菜太难吃了"**的意思。当然，也不是要你随意乱放，只要不把擦嘴后弄脏的部分露出来，稍微一团放着就可以了。

怎么样？看完上述内容，是否让你觉得"餐桌礼仪还是有很多要学习的地方"呢？实际上，用餐不用那么战战兢兢。

开心最重要，只要不妨碍他人享乐，就不必太过担心自己犯的一些小过失、小错误。服务周到是专业人员的工作，为客人排忧解难需要拥有智慧与技巧。

立食宴会

“适可而止”是最高级的礼仪

◆ 派对上的失态会成为众人的笑话

像参加客户公司的公司创立纪念会等，由于工作关系，我们时常需要参加各种宴会。这样的场合就十分考验个人礼仪。

因为在派对上，会有在各种场合上牵扯到关系的人，或是之后会与之产生工作关系的人。如果在派对上做了什么不当行为，就会有“A 公司的那个田中，感觉为人有问题呀！”这样的负面评价。这甚至会在之后，成为**众人茶余饭后的谈资**，所以即使当天没有出席派对的人，事情也可能在之后传到他们耳朵里。

人数众多的派对，一般都是自助餐式，也就是站立就餐的形式。场地中央或靠墙处会摆放着桌子，放有各类菜肴，大家可以一边挑选各自喜欢的美食一边畅谈。

一般从开胃菜到点心，整套菜按顺时针的次序排列。按这个顺序，将菜放入自己的盘子里就可以食用。但是别什么都要，在盘子上把菜堆得高高的。像是在烤面包片上浇满沙拉调料，甚至和盘子上的牛排酱汁混在一起，这样会毁掉主厨精心烹饪的料理。

取餐时注意少量多次，最多一个盘子放两道菜。

◆ 不浪费菜和好意的礼仪

取餐后要立刻离开餐桌。因为一直在桌旁逗留，会妨碍其他要取餐的人。同理，在取饮料的吧台、出入口附近、负责送餐或报餐的工作人员忙前忙后的出入口等地方，也是**禁止停留的区域**。

自助餐的各类菜肴还会配有取餐工具（可分取食物用的大餐叉或勺子）。你可能会看到有些人可以单手使用这些餐具，然后想："原来如此，这是要单手用的！"但其实不用勉强，两只手拿餐具也没有关系。这里建议用勺子舀，会比餐夹使用起来更方便。

吃自助餐还可以给认识的人夹菜，但要记住"少量、两道菜"的取餐原则。

还有就是要记得询问对方："要拿什么菜吗?"因为对方可能会说："已经够了。"所以如果没征询意见就去给别人取餐，这份好意只会让人感到为难。取什么菜要看个人喜好，所以帮别人取餐时，可以先询问对方想吃什么菜。

“要给你拿点烤牛排什么的吗？”

“牛排就不用了，可以帮我拿一些沙拉吗？”

如果像这样事先询问，然后按照对方的喜好来取餐，就不会浪费美食，对方也会感谢你的好意。

派对结束后，经常能看到桌上餐盘堆叠如山，随意乱放。取了餐又剩下不吃，是对主办方**最大的失礼**。

◆ 要打通人脉只需“下点功夫”

开派对不只是为了吃，和众多人交流才是最主要的目的。如果在派对上看到熟识的面孔，要主动上前打招呼，因为这是通过熟人打通新人脉的绝好机会，所以吃喝上就要懂得“适可而止”。

在这种场合，名片当然要多准备一些。我在派对上不用名片夹，而是在入场前，先把许多张名片从名片夹中取出，放到**上衣的内袋**里。这样做就可以在每次要交换名片的时候，不用从名片夹中一张一张地拿出来。

快速拿出自己的名片，然后将对方给的名片放入胸前的口袋里。这样做效率会大大提高。

说话的时候只需拿着玻璃杯，将餐盘放到就近的餐桌边上。因为一边吃一边说话不雅观，也很失礼。同理，当主办方在主持和演讲的时候，也要停下手中的筷子、餐叉，认真听人说话。

装有啤酒和兑水的威士忌等冷饮的玻璃杯上容易有水滴，拿玻璃杯时，宜用餐巾纸包着杯子。喝完杯子里的水后，纸巾只需放入玻璃杯中。

酒　吧　克制和协调是关键

◆ 你知道酒席的效果吗?

如果想要一边拿着玻璃酒杯，一边慢慢交流，那么酒店里的酒吧是最棒的场所。这里不仅酒类丰富，氛围大多也很好。

和关系非常公事公办的客户，一同来酒吧喝酒后，关系就能亲近不少。

酒能让人敞开心扉、吐露真言。喝酒时别只顾着喝，而把服务员晾在一边，可以**多和服务员交流，享受谈话的乐趣**，这也是在酒吧喝酒的基本行为。

那么现在有个问题，在酒吧到底要喝什么？因为来酒吧的时候，往往已是下班时间，所以此时无需有过多顾虑，**选择自己想喝的酒**即可。

“来杯波旁威士忌酒加冰，你喜欢喝点儿什么？”

如果被人这么问，你说：“那，我也点这个……”

这样会显得自己很没主见。所以在这种情况下，应该说清楚自己的喜好。

喝酒的喜好往往会和自己过往的一些经历、回忆有关。把这些故事当作话题，也能了解彼此充满人情味的一面。

“我选波旁威士忌，其实是因为有段苦涩的回忆……”

“因为钱德勒的小说，我知道了吉姆雷特这种酒……”

通过酒的喜好，我们可以看到对方真实的样子。

◆ 喝酒也得有资格

可能有些人对酒特别了解，但过于想展现自己渊博的知识，反而容易造成冷场。

“这个叫宝罗的鸡尾酒，是因为调出这款酒的人喜欢拉夫劳伦——也就是做保罗衫出名的时装品牌——而取名的。”

像这样连续发表一堆类似狂热粉丝说的话，只会让对方感到十分扫兴。

最近掀起了一股洋酒热潮，有些人说起洋酒知识滔滔不绝，但切记不要这样做。

要想听人介绍洋酒，叫侍酒师来简单说说就好了。如果让人连酒的由来都说得一清二楚，那酒的美味也会减少许多。提供一些对方感兴趣的话题，才是让对话顺利进行下去的关键。

虽然有时候需要炒热一下话题，但如果不分场合地说个不停，容易招来别人的反感。

在酒吧，有人喜欢安静氛围下品味喜欢的美酒，大声说笑，会打扰到别人。**不破坏周围协调的氛围**是在酒吧喝酒的重要礼仪。

如果被工作人员劝说："客人，请您控制一下音量。"

那表明你做的事情让别人感到不悦。记住，当周围的人投来不满的视线时，就表明你在做着非常失礼的行为。

饮酒、醉酒都要适可而止。虽然喝酒能让人进入兴奋状态，但我认为**"适量饮酒"**是饮酒的最低要求。如果感到"喝到这个量已经够了"就绝对不能再喝了。我看到那些喝酒严重过量的人，就会特别生气。

"你们这群家伙，没资格喝酒！"真想这样好好把他们骂一顿。

所以大家按照自己的节奏喝就好了。不能像"来来，再喝一杯，再喝一杯！"这样强人所难，因为尊重对方的酒量才是成熟的喝酒方式。

◆ 被灌酒时怎么办？

酒会让人失去判断力和自控力，所以饮酒过量难免会使人丑态百出。如果醉到得让人把自己送回家的程度，那么第二天一早醒酒之后，自己肯定会后悔万分。

但是世上没有后悔药。此时除了做些补救工作之外，毫无他法。

这种情况下，应当**尽快打电话跟对方道歉或致谢**。

“昨天出丑了，十分抱歉。连您送我回家的事都不记得了，实在是太丢脸了。谢谢您的关照。”

要是处理得及时，对方也会在看到你这样诚恳的态度后，予以谅解。不过如果错过了时机，这类电话也很难起到效果了。严重的话，可能第二天就得去公司打包走人。

第二天电话致谢或道歉后，第三天还可以买些礼物送给对方。选购的礼物价格要适宜，以免让对方感到有负担。

像是混装有曲奇饼干、零食的礼物，就能让对方和自己的家人一同享用。

当然，适量饮酒才是免去之后许多补救工作的最佳办法。不过，万一真的发生这样的事情了，可以用这些方法来处理。

居酒屋

让“放松喝酒”成为尴尬的瞬间

◆ “你来我往”地骂领导的做法很不男人

下班后，喝上一杯小酒，是上班族们的解压方式，也是感受幸福的瞬间。

和同事、朋友、合得来的客户一起喝酒也是不错的选择。因为这样可以与他们交换各类信息，还能了解不同行业的真实情况，而且谁都能在这一过程中转换心情。

但是，醉了之后，话题就容易集中到一点上。

是哪一点呢？

想想看日本居酒屋里大叔们喝酒的场景，你就应该有些眉目了。那就是上班族们会将平日里积压的**不平、不满以及愤恨**等，在此时痛诉出来。

对，就是发牢骚。

“我那部长，他什么都不懂。前段时间，把自己的错推到我身上，还向上面打报告了，真是令人作呕！”

"我的部长也是。明明是他心眼不好，还说什么'你们呀，要有抗压能力'，我还想跟他说你才要给我好好干呢！"

日本的饮酒文化中，确实有"来喝一杯！""没事儿，回个酒！"这样来回劝酒、敬酒的习惯，但是像这样"来，骂骂领导""那我也把领导狠狠地骂一顿……"轮流抱怨的行为，是不是太不男人了？

如果觉得工作压力太大，那应该直接跟上司提意见，而不是和酒友一起发牢骚。我认为，把话咽到肚子里，懂得**坚忍的男人**才是真正的男人……

◆ 小心隔墙有耳……

假如未来有这样的情况，说坏话的时候，被一家可能会与之有业务往来的公司员工听到了，就会妨碍到自家公司的发展。

"那家有意向与我们公司合作的公司怎么样？"

"业绩倒还可以，但是……等一下，是那家××商事吧。那里的员工有点问题呀！我想起来，上次在居酒屋喝酒，旁边正好是××商事的员工，一直在说上司的坏话、待遇不好什么的，全是抱怨。要都是那样的人，这公司的前景堪忧呀！"

"是吗？那，这次的合作还是先放一边吧。"

难得有机会谈成的商务合作，但在他们公司内部的这番讨论下，合作最终告吹。

因此可以说，发牢骚是**让公司丢脸的行为**。

借着酒劲说了一堆糊涂话后，第二天一早，你可能会特别讨厌昨天乱说话的自己。因为昨天与同事的轮番抱怨，会让今天的你担心："那家伙，该不会把我昨天说的话告诉部长吧！"于是总是担心未来某天这个可能性会成真，导致自己被裁员或降职，在这样不安的状态下，工作时也会心不在焉。

要想发领导的牢骚，**妻子才是可靠的倾诉对象**。不过看到自家丈夫整天各种抱怨的懦弱模样，妻子要是受不了，抓住机会写下离婚协议书，也没什么好奇怪的。

◆ 上司和下属的居酒屋经济学

在和上司一起去居酒屋的时候，最好不要太天真。

"走，去不去喝一杯？"如果上司这么说，下属可能会条件反射地拍手欢呼："噢，真走运，老大请客！"这样的态度实在不像话。

"上司=请客""下属=被请客"的等式，在商务场合根本就什么都不是。

把这样非常识性的事情当成一种潜规则，实则是**下属自私**

自利的表现。

当然，如果上司表示："今天我请客!"那么就不用客气了。此时下属可以说："那科长，咱们今天就按会费制[①]来算吧。"像这样提出为上司着想的提议，是下属应该遵守的礼仪。

实际上，35~49岁的上司，囊中的钱可没下属想象的多。因为这个年纪的人往往要还房贷，给小孩交学费和其他杂七杂八的开支，还有红白喜事等，也得花不少钱，所以能自由花费的零花钱少之又少。

"上司工资高，肯定不差钱……"单身、能完全掌控自己工资的下属，会想当然地说出这样的话。

所以即使上司请客去居酒屋，如果在"我就来份咸鱼和泡菜"——像这样小心翼翼点菜的上司面前说："我要顶级三文鱼、烤鲷鱼头，还有……"这样粗俗无礼的态度是不可取的。

① 会费制：常见于日本的婚礼、派对、酒会上，即参加者要付费参加。

第 4 章

红白喜事上的礼仪传达着“心意”

婚礼演讲

演讲内容最好“带点温暖”

◆ 如果要在婚礼上演讲，那么该说什么好呢？

当学生时期的朋友或在工作上关系比较好的同事要结婚了，他们可能会拜托你在婚礼上做个演讲。

这多少会让人感到紧张，如果可以，大多数人都不太想演讲。但这样一位将在婚礼时刻，感到自己是这个世界上最幸福的人拜托你这件事，我想作为一名成年人，应该都不会冷漠拒绝的。

那么既然要演讲，自然不能太一板一眼，内容上可以独特一些。主宾、来宾等人演讲时，多半会说“新郎佐藤先生在工作上十分优秀……新娘纪香女士才貌兼备……”等套话。

而你的演讲可以不用那么拘谨，说一些平常说的话就好了。但要注意，有些话在婚礼这类办喜事的场合是不能说的，也就是所谓的**“禁忌语”**。

像是“分开”“断绝”“离去”“离开”“结束”等，都是比较有代表性的禁忌语。

在日本的婚宴，新郎、新娘切蛋糕的重要环节，也绝对不能说“切”字，而要说“刀子进去”“入刀”等。

还有“回来”“出去”“归来”“破”“换”等也不能说。“越来越”“每每”等这类有重复含义的话，以及“再次”“第二次”“第三次”等，具有反复性的表达也要注意避免。

婚礼上避开禁忌语的关键，是要注意不能说一切与两人相爱、牢牢结合在一起的**意思相反的话语**。

只要记住以上这些点，就不会在婚宴上出错。

◆ 小心“祸从口出”

通常演讲内容里要加入一些小故事。

但是注意，如果故事内容不够**温馨**，就容易招来听众的不满。

无论对新郎（新娘）再怎么知根知底，说一些暴露人隐私、过去的桃花史等内容，都是不恰当的。新郎要是比较喜欢玩，就算你知道一些内情，也绝不能把这些风流史说出来。

描述新郎（新娘）时，可以塑造对方认真、干净、聪明的形象，形容的力度要加倍，这样才是婚礼上该说的话。新郎、新娘以及他们的亲人也会满意这样的演讲。

最近“未婚先孕”的现象并不少见。有人就会想在演讲中分享新娘怀孕的喜讯，但如果不知道其他人对此事是否知情，就把这件事说出来，可能会引起别人的不满。

“我想大家都知道了，两位就快当爸爸妈妈了……”

如果这样公之于众，而新郎新娘的亲朋好友里，有“不知情”的长辈，就可能会变成大事。

“什么，我可没听说过这件事。结婚前就发生这样的事，太不像话了。这是个大问题，做出这样的事都没脸见老祖宗了。我要走！”

老一辈的人，在他们那个年代，有部分人不能接受、不能容忍轻浮之事。所以演讲之前要注意弄清楚什么该说，什么不该说。

◆ 注意别说个没完……

演讲长度要**控制在 3 分钟**。即使还有许多想说的话，也需要控制住自己，从中挑选出一到两个故事来讲。因为婚礼时间有限，演讲人也不只有自己一个，所以切记不可讲太久。

每张 400 字，两张纸的量就挺合适。演讲当天最好做到脱稿。

我当婚礼媒人[①]的时候，就从来不看稿子进行演讲。新郎新娘的学历、必要事项等都会牢牢记在脑子里。因为看着稿子演讲，感觉不太正式，还会妨碍自然的语言表述。

既然接受了别人的委托，就要好好演讲，先从自我介绍开始，内容要避免和主持人的介绍重复。祝辞以新郎（新娘）的一些趣事为中心题材，收尾时可以用“祝你们家庭美满”“百年好合”等祝福语。

---

① 媒人：日本的媒人除了指介绍对象的人外，还指在一些婚礼上坐在新郎、新娘旁边，给婚宴的举办流程提意见的人。一般由新郎、新娘的恩师、公司领导或亲戚担当该角色。

回明信片 传达想法的小细节

◆ 邀请函上只画圈是不够的

“噢，那家伙也开始收份子钱了……”

当收到朋友的婚礼邀请函时，看看自己，就会想起：“我还单身呀……”然后会苦恼份子钱给多少的问题。

但这毕竟是可喜可贺的事。作为人情往来，我们要尽可能出席友人的婚礼。尤其是收到有工作关系的人的邀请时，作为合格的商务人士，更是得排除万难也要参加。

那么现在的问题是，收到邀请函后，该怎么回信？日本回信用的明信片上都会排列着“御欠席（缺席）”“御出席（出席）”“御住所（地址）”“御芳名（姓名）”等文字。

“因为会出席婚礼，所以在‘出席’上面画个圈就好了。”

如果这样想，那你就很不会做人。“御”在日语里，表示招待方对对方的敬意，所以回信时，如果继续保留明信片上的“御”字，就是在对自己表示敬意，感觉很奇怪。

如果出席婚礼，首先要把“御出席（出席）”中的“御”字用两条竖线划掉。同理，“御欠席”也要用两条竖线划掉。接着在“出席”二字上画圈或不画圈都可以。

不管是出席还是缺席，作为礼仪，空白处都应该**写上一些话**。就算仅是“恭喜恭喜”这样简短的话语，也会让收到回信的人感到开心。

像“居然比我还早结婚，你不会不甘心吗”等，如果两人关系比较好，说些开玩笑的话无伤大雅。如果缺席婚礼，那就更应该写点东西上去了，不然回寄过去的明信片会显得特别空。

“太让人激动了！真想见面的时候亲自跟你祝贺！”等，可以像这样写些不会逾越两人关系的话。

“御住所（地址）”的“御”，“御芳名（贵姓）”的“御芳”，这些字也要用两条竖线划掉。然后要尽早把信寄出去。

因为对方需要及时确认出席婚礼的总人数、安排座位等，要做许多准备工作。

所以**回信要趁早**是基础礼仪。

回明信片的写法

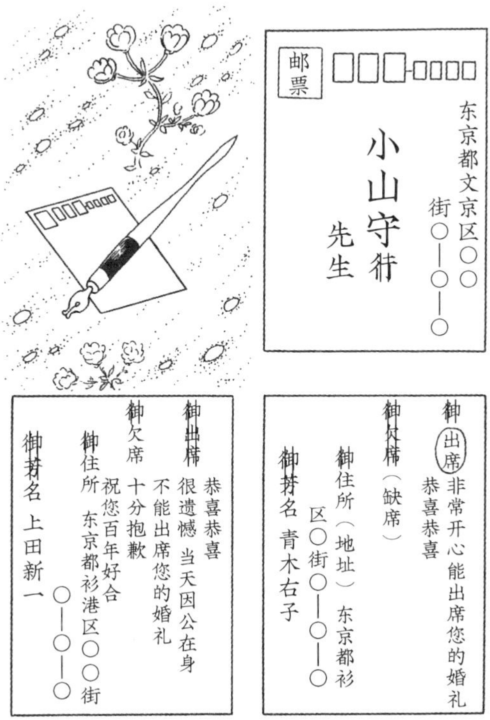
邮票
□□□-□□□□
东京都文京区○○街○—○—○
小山守 行
先生
御出席
非常开心能出席您的婚礼
恭喜恭喜
御欠席（缺席）
御住所（地址）东京都衫区○街○—○—○
御芳名 青木右子
恭喜恭喜
御出席
很遗憾 当天因公在身
不能出席您的婚礼
御欠席
十分抱歉
祝您百年好合
御住所 东京都衫港区○○街
○—○—○
御芳名 上田新一

◆ 从右写，还是从左写

回信时，还有一些需要注意的地方。

明信片上，要把封面上写的“～行”改成“先生（女士）”。“行”要用两条竖线划掉，左边写上“先生（女士）”。

右边绝对不能写字。因为会被认为要把“行”改回来的意思，而“改回来”带有重复的含义，在结婚的时候不太吉利。

如果了解上述注意要点，就可以自信地认为自己是一名相当合格的成年人了。

如果和邀请人的关系比较好，收到邀请函的时候可以回个电话。但是不能因为打电话了，就不回信。因为整理回信的人并不一定就是邀请人本人。出席的人越多，联系工作就容易滞后。为了避免出席婚礼时，发现没有自己的座位这类尴尬情况，建议各位无论如何都要回信。

缺席或取消出席 不出席有不出席的礼仪

◆ 拒绝的方式能凸显你的教养

缺席婚礼的理由有很多。

“因为现在在做关乎公司运营的重要项目，不知道到时候能不能出席……”

“婚礼和亲戚 49 天的法事时间撞了，所以不能出席……”

“哎呀，这不是和我老早就计划好的伦敦之旅时间撞了嘛!”

如果有即使排除万难也不能出席的“理由”，那就只能缺席了。

但是，这个理由因对象不同，**有些可以说，有些则不可说**。

像是“办丧事”之类的理由，就要避开不说，因为对方在办喜事，听到这种理由会犹如被泼冷水一般。

此时可以说：“实在是有私人的事情要处理”或“有事必

须得去处理”等，这样**应对**，也是一种礼貌。即使是朋友或是有工作关系的人，也要遵守这个基本原则。

如果是因公缺席，就需要提出一个让对方能接受的理由。仅仅说：“工作很忙。”对方就会想：“难道你连抽出两小时的时间都没有吗？”对你的印象就会不好，人际关系也跟着变差。像是要去国外出差等，如果没有好的理由拒绝对方，就会很失礼。

特别是客户发出的邀请，如果想太多，觉得：“工作上的往来应该由公司来处理，我就不瞎掺和了。”而决定不参加客户的婚礼，这样反而会产生摩擦。

把去国外旅行当成缺席的理由，不用说也知道，这并不适合跟有工作关系的人说。

“我可是旅行的钱都付了，什么都准备好了，不想现在才取消呀！”即使想以此让对方同情你，但将这个作为直接缺席的理由，就多少显得有些随便了。这种情况下，聪明的做法是说些无大碍的话蒙混过去。

那么朋友的话又该怎样说呢？与其让人觉得你太客气了，倒不如直接告诉他原因，这样不用兜圈子。

但就算对方是朋友，也要想好缺席应该怎样**“补救”**。是提前送礼、到婚礼当天致贺电，还是送旅游特产等，补救的方式有很多。“在国外发贺电？我可没那个自信呀！”如果有像这样担心在国外发不了电报的人，可以出发前先在自家传真机上设置好预约发送模式，写上“发自国外”就可以应付过去了。

无论有什么事，缺席的情况下，都要在婚礼当天致贺电。发送有固定格式的电报当然也没问题，而且固定的内容适用于各种人际关系，因此相对保险一些。不过，如果你不想拘泥于固定格式，想要表现自己的个性，那也是可以的。

◆ 最好让对方来决定该如何处理取消出席的情况

在回了“出席”之后，又遇到不能出席的情况该怎么办？像是紧急出差、亲人的葬礼……这些都是不能出席婚礼的情况，此时当然要立刻联系对方，但问题是空出的席位该怎么办？

作为礼仪，首先应该让**对方来决定该怎样处理**。如果对方说：“请找人代替你前来……”那么就找人代替你出席。如果对方说“真可惜，不过没关系，您别介意……”就无需找人代你出席。不能还没征询对方的意见，就自己随意找人代替你出席婚礼。总之处理此类情况的关键是要等对方决定怎么办。

当对方希望你找人替你出席，如果是朋友的婚礼，就要找亲属替你。一般是妻子代替丈夫出席，父母代替孩子出席。如果是有婚约的两人，那么婚约对象也可代替对方出席。当有朋友也要出席婚礼时，还可以提前跟对方打好招呼：“我女朋友会替我出席婚礼，到时候拜托你多关照一下。”这样做能让代替你出席的人有些面子。

有工作关系的人邀请你出席婚礼的情况下，理论上要找和**自己同级或是上级的人**替你出席。请的是上司，来的却是下属，是很失礼的行为，所以一定要遵守这一基本原则。当然，无论找谁替你出席，具体人选都得事先告知对方。

“很抱歉，佐藤不能出席。他本人也为此感到非常遗憾，我是大和商事营业部的科长田中。”当代理人出席婚礼时，要这样说。

红白喜事 仪式上的正装展现成人风范

◆ “时”不再来

作为一名社会人士，该懂得未雨绸缪。在公司的储物柜里，建议准备好丧服以备不时之需。

如果突然接到上级命令“听说东都物产的社长去世了。你马上过去!”就能够迅速应对。可以说礼服是社会人士的必备品。

男士丧服基本上都是简单的黑色西装。衬衫为白色，领带为黑色了。鞋子可以是深灰色，但最好选择无装饰的黑色鞋子。

遇到丧事，通常得“急急忙忙地赶去”守夜。这种情况下，就算着装上有些不正式，也不会失礼。

比如没有黑色西装，穿深色的也可以，如果不是很赶，可以戴上丧章（袖章、黑白带子）来代替丧服。

丧章原本是丧主、亲人、负责人才戴的，吊唁的客人不用戴，不过最近规则有些改变，吊唁的客人也可以戴丧章。无论参加哪家公司人员、客户的守夜，都应该态度认真，在告别仪式上切忌“匆匆忙忙”。

装饰品方面，男士一般没什么饰品，手帕要挑选接近黑色的，雨天的葬礼注意不能用华丽的格纹伞。

如果不是佛教的葬礼，可以不戴念珠，但在告别仪式上，还是备着比较好。

也有在别人临终的时候要赶过去的情况。像是因为上司或上司的亲属去世，办理丧事的事宜就可能交由你来处理。

遇到突发情况，人容易着急忙慌。但因为事发突然，就不需要穿丧服了。如果为了准备着装而让人久等反而是失礼的行为，即使公司的寄存柜里挂着备用的丧服也不要找来穿，只需穿着当天的衣服过去就好。

女性常常会穿得比较时尚、艳丽。遇到这类突发情况，往往在着装打扮上处理起来会比较麻烦，而男性一般把“深色”衣服当成工作服，所以行动上会比较方便。但如果当天带着华丽的领带，要记得换成普通的款式。

上述为佛教葬礼上的守夜着装要点。日本除了有佛教葬礼，还有基督教葬礼、神道教葬礼等，不同宗教有不同的规矩。神道教的葬礼上，一般关系越远的，丧服颜色从黑到白渐变，且相对于佛教，规矩会松一些。而基督教的葬礼没有那么严谨的着装要求，基本上只要是黑色的衣服都可以。

◆ 黑色西装是红白喜事和派对聚会的万能衣服

无论如何，走入社会，希望各位都能备好一套黑色西装。因为黑色西装不仅能在葬礼上穿，也能在婚礼上穿。如在公司举办的庆典上招待客人的时候，当作为被接待的一方前去对方公司拜访的时候，在随意的派对、正式场合等，无论什么年龄、地位的人，都能穿着黑色西装，这样一套实用性很强的衣服，实在是一件“宝藏”。

婚礼上的着装一般是黑色西装配折袖白衬衫，并系上浅色领带。鞋子一般为无装饰的黑色或深色。

“客户公司的科长邀请我去参加婚礼，但是不知道该穿什么好？”

遇到这样的问题，只要按照上述建议去打扮就不用担心出丑。当然，也可能有人觉得：“只穿黑白两色，多无趣呀！”学会穿搭，也可以作出一些改变。比如试着换一下马甲的颜色；系上银色系的领带；花些心思在口袋巾的挑选搭配上……

葬礼上的穿搭也一样，基本上离不开深色西装。银色、木炭灰色西装就可以作出许多搭配，基本要求是穿得素一些。带

婚礼服装

女性

- 虽然也可以戴手表、饰品等比较闪亮的物品，
  但最好不要佩戴过多。

- 白天穿连衣裙、套装等，
  着装不能过于暴露。

- 夜晚穿无领或无袖晚礼服。
  西装可以配上华丽的饰品。

男性

- 领带为白色、银色、灰色或黑白条纹。

- 基本上为黑色西装或深色西装（木炭灰、银灰等素色）。

- 衬衫为折袖白色、银灰色衬衫等。

- 基本上为无装饰的黑色鞋子，袜子黑色。不能穿拖鞋。

葬礼服装

女性

- 长发要束起来。化淡妆，不涂指甲，不要喷香水。
- 穿着无光泽的黑色连衣裙或成套西装。
- 皮革或布料材质的包包。不能拿有光泽的显眼的包包。
- 鞋子不能有光泽。高跟鞋要挑选跟不高的。不能穿拖鞋。

男性

- 男性用念珠，会比女性用的稍大些，但不是佛教葬礼的场合不一定要带。
- 基本上要穿黑色或深色西装。戴黑色领带。不带领带夹。
- 鞋子、袜子要统一成黑色。

细铅笔条纹的衣服也可以穿。但要注意，虽说绿色、棕色等颜色算深色，如果本人没有足够的自信还是别穿为好。

◆ 也有一些场合是黑色西装不能应对的

黑色西装、深色西装是白天和晚上都能用的“礼服低配版”，一般的出席者们基本都这样穿去参加婚礼。

但是，邀请函上如果指定要穿着“男士晚礼服”，那就另当别论了。**男士晚礼服又叫无尾礼服**。是用于晚宴时穿着的“正式礼服”，从前主要是亲戚、主要嘉宾等人才穿，不过最近，不少出席者们也会在晚宴的时候穿上这种礼服。

理论上，该礼服的领结布料为绸缎或天鹅绒，并带上同样布料的礼服腰封。也可以把腰封换成马甲，马甲的布料要和衬衫一致。带褶皱设计的白色礼服衬衫配蝴蝶结，鞋子为珐琅鞋。

注意**白天不能穿晚间无尾礼服**，要穿董事套装。这种礼服上衣为黑色，下身配条纹裤。已故美国前总统艾森豪威尔就十分喜欢这样穿，这样的搭配又叫作“艾森西装”。领带要灰色或带有条纹的，马甲为黑色或灰色，与白色的衬衫相搭。穿胸前部位有褶皱设计的衬衫也可以。

在比较讲究的场合，注意要区分白天和晚上的穿着。白天

在深色西装之上改良的服装

- 晚间正式便礼服。没有什么特别的设计要求。

- 晚间无尾礼服。基本上为白色礼服衬衫配上黑色的蝴蝶结领带。白天穿董事套装。

的董事套装用黑色西装代替虽然也不会失礼，但现在只要去租赁精品店，什么礼服都能租到，所以如果不懂怎么搭配，去租赁店挑一套就好了。

问题是如果邀请人要求穿着“便服”该怎么办？虽说可以穿便服，但绝对不能穿牛仔裤、皮夹克等衣服。这些是日常装，不是便装。这里我们可以把便装理解为“正装”。所以要见与公司事务有关的人、客户时，穿黑色西装、深色西装准没错。

葬礼 做好万全的准备以尽好礼数

◆ 葬礼是最考验“公司素质”的场合

葬礼是严肃的仪式。

所以在这样的场合，要比婚礼更不能失礼，如果出席的葬礼与公司相关，就更是如此。员工参加葬礼的行为，体现了“公司的素质”。

公司一般都会有《红白喜事礼仪手册》，该手册由总务部来管理。原则上，商务场合的行为规范要按手册上的规定去做。

如果客户方的负责人去世，**上司要一同出席**葬礼。我想没有人会不知道这个道理吧。

尤其是客户公司中，带“长”字职衔的人去世的情况下，就需要自己公司同级别的上司或同级别以上的上司出席葬礼。

出席葬礼的时候，要先通过接待处，并递给接待员帛金，同时表达一些悼念逝者的话。那么让我们看看具体该怎么做吧。

一般接待员是逝者的**“家属代表”**。

所以递帛金时，当然要说些悼念的话语，比如“请节哀顺变”之类的，然后签到。这时要将装帛金的信封从袱纱[1]中取出，并放在名簿的旁边，信封要先朝向自己。

签完名后跟接待员说：“请将帛金供到灵前。”然后将帛金双手递给对方，之后等待烧香。

烧香要在主持念完经文后，由丧主、逝者的家属和亲戚先进行，之后是一般的出席者们。

轮到你烧香的时候，向前走一步，向着祭坛两排的逝者家属和亲戚一一行礼，接着朝向遗照行一次礼。走到烧香台前，用右手的中指、食指、大拇指 3 指抓取沉香，微微低头，将沉香抬至头前，然后再将沉香放入香炉里。

一些礼仪书会说这个动作得做 1~3 次，但其实**1 次就够**了。因为参加葬礼的人都重复做 3 次的话，时间就不够了。烧完香后看着遗照合掌。

向两边的逝者家属和亲戚行一次礼，然后再向遗照行一次礼。最近有许多葬礼在斋场举行守夜，所以基本上都是站着举行仪式的，但也有坐着烧香的情况，此时要双膝跪坐在褥垫

① 袱纱：在日本葬礼上使用，用来包裹帛金信封的绸巾。

不同宗教葬礼的礼仪（佛教）

①
到烧香台前，向逝者家属
和僧侣行礼

②
向遗照行礼，合掌

③
用右手的食指、中指、大拇指抓
取沉香，抬至头的等高处，之后
放入香炉中

④
烧完香后，合掌，向着遗照、逝
者的家属行礼

上，膝盖慢慢挪动前进或后退。

简而言之，注意**不要让臀部朝向遗照**，这是葬礼上的一个礼仪。除此之外，无论是站着还是坐着烧香，步骤都完全一样。

◆ 基督教和神道教葬礼的礼仪

基督教和神道教的葬礼，没有佛教的“烧香”环节。基督教会有“献花”仪式，神道教则有“上供玉串”的仪式。

“献花”仪式上，先从工作人员处接过花，拿花时花要朝向右侧，然后朝着献花台前进，对着遗照行礼。接着顺时针掉转花的朝向，使之向着自己，之后将花放在献花台上。如果不是基督徒，只需微微低头、默祷，然后再次深深地行一次礼，退一步，向逝者的亲属行礼后结束。

“上供玉串”首先要进行“净手仪式”。拿着长勺，按先左后右的顺序浇水到手上净手，最后用左手取水漱口。

之后，要上供杨桐树枝（玉串）到玉串台上，做法如下：

先将玉串抬至面前行一个礼。将玉串按顺时针方向转动，根部朝向祭坛放到玉串台上。然后退一步拜两次，之后无声拍手两次，行一次礼后结束。最后向逝者家属行礼，这一步是哪个宗教都有的环节。

不同宗教的葬礼礼仪（基督教）

①
花朵朝向右边，花横着拿，
走向献花台

②
将花按顺时针方向调整朝向，
使之对着自己

③
在献花台上放花，合手，手
放在身前，身体前倾，默祷

不同宗教的葬礼礼仪（神道教）

[净手仪式]

①
按先左手后右手的顺序拿长勺舀水净手

②
左手取水，漱口，然后用兜里的纸巾擦拭手和嘴

[上供玉串]

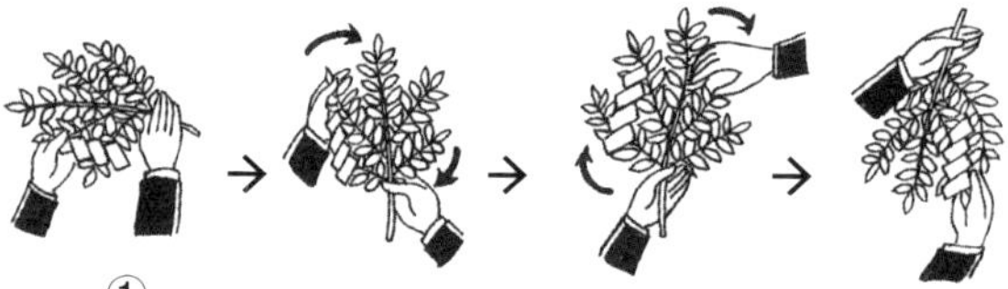

①
手拿玉串，将玉串的根部按顺时针方向转到自己面前。上供后拜一下，接着将根部转至反方向，并放置在玉串台上

②
拜2下，无声拍手2次。行一次礼后，回到原位

◆ 守夜不能立刻回家吗?

那么我们来继续说说佛教的葬礼礼仪吧。

烧香之后，会有人带出席葬礼的人吃**守夜饭**。如果拒绝就餐，就会显得很失礼。因为守夜饭意在祭奠故人，所以不管多忙，作为礼仪多少要尝一口。

但也不宜久留，更不能边喝酒边大声喧哗。

“那个吵人的家伙是哪家公司的人？真没教养！”

这样的行为必定会招致他人的白眼。因此最好谨慎处事，吃守夜饭大概在过 20~30 分钟后退席，比较明智有礼。

告别仪式一般要到**目送逝者出殡**为止才结束，不能烧完香就急忙回去。但如果有要事在身，实在不得已的情况下，也可以破例。

送出殡时，出席者常常会不知道该干什么。冬天的话建议备好外套。因为一直到出殡，出席者通常都要在户外等待。这期间如果不穿外套，就会冷得受不了。

所以这时候可以穿外套。但如果丧主开始招呼要出殡的时候，出席者们要脱掉外套，这是出殡时的规矩。不过雨天、下雪天例外。此时不要忘了**合掌送逝者出殡**。

虽然葬礼流程如此繁杂，但也不必把所有步骤都记牢，最近挺多逝者亲属只在自己家族内部办守夜告别仪式，然后 1 个月内在酒店办“告别会”。

◆ 注意葬礼上的用语

“这样我就完美地理解了葬礼上的礼仪!”当你这么认为时，其实不然。葬礼上还有一个很重要的礼仪。

那就是**“禁忌语”**。也就是在不幸的场合不能说的话，“再三”“再次”等词会被认为“容易招致再次的不幸”。

比如出席者说:“这次又发生这么突然的事情，您肯定很难过。”虽然说者本想措辞有礼，但无意间提到“又”这种带有重复性意义的词是不行的。这样的口误也是我们需要注意的地方。

此外，像是“一次又一次”“屡屡”“一再”等词，带有“屡次不幸”的意思，这些也是禁忌语。“一再发生这样的不幸，真为您感到遗憾。”即使说者想表达悼念之意，但也应该避免用到这些忌讳的词。

葬礼上的禁忌语

●重复性词语

有加重不幸的意思
“一再”“一次又一次”“屡次”“愈发”“越发”
“屡屡”“反复”“再一次”“再三”“且”“继续”
“再次”“再者”等

●“死”的直接表达

“死”“死去”“死亡”等

↓

可换成“去世”“永眠”“逝去”“悲报”“讣告”
“逝世”等说法

●宗教语言

在不同宗教的葬礼上，有些词是不能说的

- 基督教……“冥福”“祭奠”等
- 佛教、神道教……“被主召唤”等

唁电和祝辞 小心画蛇添足

◆ 唁电也可以传真?!

虽说尽可能参加熟人的葬礼是一种礼仪，但也有因身在远方或是有工作，无论如何都无法出席葬礼的情况。这时候就要写唁电表达自己的悼念之意。

电文通常写些“沉痛哀悼”“谨祈冥福”等传统内容即可。如果是结婚祝词，就需要在文字上多下功夫，使祝词有自己的特色。但在致逝者的唁电中，就不必花这些小心思了。

不过唁电的内容必须考虑到葬礼的形式。比如，基督教的葬礼就不能用上面所述的表达。

基督教认为，死亡是神召唤逝者回到身边的表现。所以哀悼、冥福会被认为是亵渎神明的表达。在基督教葬礼上说“愿逝者安息”，会比较合适。

一般唁电都要写明致丧主，但不是什么情况都能知道丧主的具体名字。比如下属的兄弟去世，如果逝者是已婚人士，那么丧主就是他的妻子。这时如果能很快问到下属丧主叫什么名，还比较好办，但是这种情况下，逝者的亲属往往会很忙。因此可能不能知道丧主的名字。

这时候可以写“致某某家遗属”，如果知道葬礼举办地，也可以咨询主办地丧主的名字。但是为了知道名字而直接过问丧主家里，就很没礼貌了。

不过，当今通信手段十分发达。在不能参加葬礼的情况下，也不用过分纠结于写唁电的问题，我个人觉得发传真也可以。如果距离葬礼开始还有一些时间，也可以写信或是写明信片。

◆ 礼金要包多少？

提到结婚，就得谈到礼金。礼金也可以用礼品来代替。问题就是礼金的预算了。被邀请参加婚宴和没被邀请参加婚宴，这两种情况的礼金当然有所不同。

被邀请的情况下，如果是朋友和熟人婚礼，一般给 3 万日元，礼品的预算也跟礼金一样。而没被邀请的情况下，礼金预算在 1.5 万日元左右，约 1 万日元也是比较合适的。

如果给的礼金数额太大，会给对方造成压力，心想：“给我这么多礼金，当时要是请他过来就好了。”

唁电的例句

基本上要措辞严谨，不可为引人注目而写奇怪的话语。最稳妥的做法是模仿各个公司写的例文。

《部分例子》

- 谨此表示沉痛哀悼
- 为逝者深致哀悼
- 为逝者谨祈冥福
- 惊悉令尊（令堂）逝世，
  谨此致以沉痛哀悼
- 惊悉尊夫（尊夫人）逝世，
  谨此致以沉痛哀悼
- 追思逝者过往（缅怀逝者生前的功绩），
  谨祈冥福
- 为逝者深致哀悼，谨祈冥福
- 惊收讣告，深感震惊和悲痛。
  谨此向各位遗属致以慰问，向逝者致以沉痛哀悼，
  衷心愿某某长眠安息。

挑选礼品也是一个令人头疼的问题。通常我们会买餐具、钟表、立式相框等东西，但这些又往往容易撞款。收礼人不得不吐槽：“怎么又是钟啊！这都第七个了。两室一厅一厨的房子，哪有那么多地方放这东西。”而送餐具，又要考虑到个人喜好，难得送礼，如果因为对方不感兴趣，送的餐具就可能永远被搁置在橱柜里。

如果是关系比较好的，可以先问一下对方期待的礼品预算。让对方自己挑选喜欢的东西，最不会出错。还有，也可以几个朋友一起送礼，比如 5 人一组的话，预算就可以到 15 万日元。这样就能合起来买到高价又实用的东西送给对方。

不过送礼时要注意，必须在举办婚礼的大概 10 天前送到。因为临近举办婚礼的时候，新人们要搬新居、度蜜月等，新人和他们的家人会非常忙乱。这时送礼反而会给他们添麻烦。

送礼时也要注意有些东西不能送。如果不先了解这些情况，就会给难得的喜事泼上一盆冷水。像是**“切割工具”“分隔物”**等是不能送的。因为这些东西有“切开”“分割”的意思，对于发誓要永结同心的两人来说，意思很不吉利。所以像剪刀、菜刀等刀类，镜子、玻璃制品等都不能送，这是送礼的礼仪。

但现在已经是 21 世纪了，也不必过分遵守过去的一些习俗。

比如，如果是喜欢做菜的亲友，送她一套菜刀并祝福道："希望你结婚后能做许多好吃的东西。"我觉得这样是没问题的。如果两个人都喜欢喝酒，就送巴卡拉的玻璃酒杯等，根据对方的喜好送礼，这样的礼物肯定会比任何东西都让人高兴。

时代在不断变化。红白喜事上的礼仪也在不断反映时代的特征，面对这样的大环境，我们只要相应作出改变就好。

帛金和礼金　包钱的行情以及决定金额的方式

◆ “外装豪华，内里干瘪”的话就尴尬了

帛金和礼金要包多少钱，这个问题意外地让人头疼。

尽管社会上有包钱的大致行情，但是根据年代、与对方的关系、自己在社会中的地位等因素的不同，也会导致要给的钱数不同。

结婚礼金我一般会给 5 万日元，如果被夫妇邀请参加婚礼，就给 10 万日元。我每年都会被邀请好几次，所以说实话，这方面的开支还是挺大的。

礼金方面还有一点要注意，**礼金信封包装和信封里的钱数要保持一致**。现在的礼金信封款式多种多样。信封上既有红白双色的花纸绳，也有高级和纸材质的花纸绳等豪华装饰。

两三万日元的礼金一般适合用奉书纸[①]包着，再用金银

---

① 奉书纸：一种白色、较坚实的日本纸。

或红白色的花纸绳打结。配有高级和纸材质的花纸绳信封里，包的如果不是 5 万日元以上的礼金，就显得有点“表里不一”了。信封的包装一般，但是里面的钱额给力，情况还好些。如果信封外表豪华，但里面的金额却很少，就显得很没常识。

信封封面一般会写有“寿”“御结婚御祝（祝新人结婚）”的字样。如果直接写“御结婚祝（庆祝结婚）”就是 4 个字（偶数），双数会让人联想到“分别”“分开”，所以这点要注意，不然就失礼了。

“寿”“御结婚御祝（祝新人结婚）”的下面，要用楷书写上姓名。夫妇联名的情况下，只需从中央往左依次写上名字即可。人数众多时，写上代表的名字以及“其他”的字样，礼金信封里要放入写上全部人员名字的纸条。

正式情况下，礼金信封里要写上送礼金人的姓名、住址、金额。金额数不能写成算数用的阿拉伯数字，最好写成“壹”“贰”“叁”等。

◆ 不同宗教帛金信封的封面字会有所不同

帛金也一样，如果信封的外包装和金额不匹配，也容易造成尴尬。

如果帛金的数额在 3000 ~ 5000 日元，外包装一般印有花纸绳，1 万日元会用奉书纸做封，配上黑白色的花纸绳。3 万日元以上的帛金数额就会用和纸配银色的花纸绳，总之要保持好金额和外包装之间的平衡。如果外包装用和纸做封，并配上折花，使用这样包装豪华的帛金信封，建议包 10 万日元以上的数额。

信封封面因佛教、神道教、基督教等宗教的不同，写的内容也会不一样。佛教要写“香火费”“香料费”；神道教要写“玉串费”；基督教的葬礼则要写“花费”。

如果有人觉得“太麻烦了，我记不住”的话，这里还有个妙招，那就是写成“供灵前”。这是所有宗教都通用的意思，无论是哪种类型的葬礼，都可以使用。

但是，有莲花模样的帛金信封是佛教专用的，就算封面写的是“供灵前”，也不能用在其他宗教场合。

还有写着**“供佛前”的仅限于净土真宗**，因为净土真宗认为逝者去世后会立刻成佛。但是其他宗派认为，逝者要在 49 天的法事之后才能成佛。因此，在逝者还没成佛的葬礼上，就不能在帛金信封上写“供佛前”。

据说帛金不能用新钱。因为这样会有为突然的不幸做好“准备”的感觉，所以给新钱会是很失礼的行为。不过现在很

不同宗教帛金信封的封面字

神道教式

黑白、白色、银色花纸绳。封面写上“玉串费”“杨桐费”。

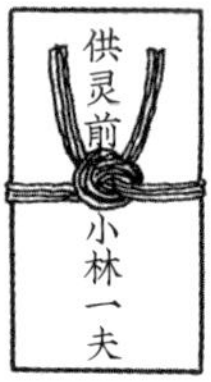

共通

无莲花图纹，打结的花纸绳帛金信封通用于各宗教。封面写有“供灵前”字样。

基督教式

不用花纸绳，白色信封上印有十字架、百合花，写上“花费”。

佛教式

黑白或银色花纸绳，封面写上“供灵前”“香料费”等。

袱纱的使用方法

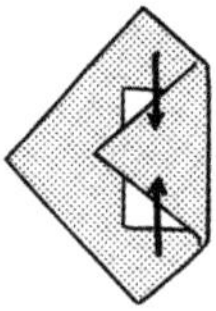

①

将帛金信封放置袱纱中央，将右侧的布往中间折叠，后面依次是下面的布往上，上面的布往下折叠。

②

盖上左侧的布。

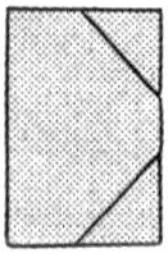

③

多出来的一小块布往里扣折。

少有人会注意这点，所以用新钱也没关系。如果还是有所顾虑，可以在新钱上折出一道折痕。

正式情况下，帛金要用袱纱包裹着带去葬礼，家中建议备有至少一块丧庆两用的紫色袱纱。

第 5 章

护花礼仪
提升“男人的器量”

护　花　女士优先的“真正意思”

◆ 男女礼仪的原点

我们看欧美派对，他们会在女士优先这方面做得很好，男士们绅士有风度的样子令人钦佩。可惜这样的文化在日本仍然相当落后。

这也难怪。

因为日本传统的家父长制思想根深蒂固，女性往往以夫为天，她们会被要求专心生孩子、守护家庭。难以想象，不久前的日本还在贯彻这样的思想。在女性走路需保持在男性身后3步距离的社会里，女士优先的思想萌芽当然也就难以孕育出来。

但如今时代已发生了巨大的变化，细心周到的“护花使者”行为是男性接待女性必须习得的本领，说是**男女礼仪的原点**也不为过……

为了避免不知道什么时候，因为没有扮演好“护花使者”

而被女性投来蔑视的眼神，建议还是先掌握好这一本领。

“既然说女士优先，那么打开车门、进出出入口和坐电梯的时候，是否都要先让女性呢?”有人可能会这么问。

确实，按字面意思来说，女士优先就应当在所有情况下谦让女性。但同时，男士也要**保护和重视女性的安全**。

比如坐电梯的时候，男女之间的位置关系应该怎样为好?电梯往上走的情况下，男性应该在后面；往下走的情况下，男性就应该在前面。

因为这样的话，一旦有什么危险，这个位置就能让男性挺身而出保护女性。

◆ 忍耐是男人的器量

自认为在“护花使者”方面颇有心得的男性，会在女性穿脱外套时提供帮助，但男人们是否又知道，寄存衣服时也有一些需要注意的细节呢?

把物品存放到寄存柜里的时候，作为礼仪，男性要负责从柜里取回寄存物。

在餐厅就餐完毕后，如果在结账的时候，让女性自己去寄存柜里取回外套，那么就是“护花使者”扣分的地方。

所以不能把寄存号码牌给女性，牌子应该由男性自己拿着。当然，这之前应该先跟女方说：“这个由我来保管吧。”

就餐的时候，男性要询问女性喜欢吃什么，然后再负责叫服务员点菜。

如果让女性自己说：“我要一份香煎舌鳎和凯撒沙拉，然后一份法式清汤……”那就不像话了。

要是男性还说：“我在外面打个电话，你先帮我点着。”让女性来点菜的话，这样的男性就会被女性打上直男的烙印。

“护花使者”要负责所有的杂事，让女性只用专心聊天和享受美食。

无论喜欢与否，只有将欧美文化中的女士优先做得如此彻底，才算是一名合格的“护花使者”。

就算对方做出的行为并不淑女，男性也应当把对方当作淑女来对待。

明明知道要一起吃饭，但女方却喷上了难闻的香水，即使这样也不能蹙眉表示不满，而应该微笑着就餐。

“切，难道不知道菜的味道都被你的香水盖掉了吗？”这样的话绝对不能说出口。男人要忍耐，不，应该说要有肚量。

◆ 不让“传家宝刀”生锈的精神

前面说得有些长，也有些戏剧化，可以肯定的是，“护花使者”的过程会有许多“让男性吃苦”的地方。

在日本这种文化并没有根深蒂固，因此日本的男性对此有些难以忍受，也是再正常不过的。

但是进入21世纪，随着全球化的不断发展，学会当一名绅士还是百无一害的。当公司吩咐要照顾好女性会员或会员夫人时，知道该怎么照顾女性和不知道该怎么做的人，所感到的压力是不一样的。

当然，也不是说只要和女性接触，就要一直做好“护花使者”的工作。如果和对方是恋人或朋友，自然相处会让彼此更加放松开心。也就是说，我们只需**根据与对方的关系，做出符合时间、地点、场合的行为**就好。

掌握“护花使者”的方法，如同将“传家宝刀”藏在衣服里一般。关键时刻取出“宝刀”使用即可。

为了不让宝刀生锈，建议平时就让自己懂得重视女性，不知各位意下如何？

男性温柔地对待女性，注意一些细节之处，会让女性意外地不再任性。

而最近的女性越来越强势了，建议各位男士也要做好充分的应对准备……

餐厅和酒席　要聪明且像个男人

◆ 这样做可以提升女性对你的评价

无论是公司同事或是外面有工作关系的人，工作上多少都有和女性一起吃饭喝酒的机会。

就餐时的行为和吃饭的样子，会意外地让你“原形毕露”。即使在工作中一直保持着良好的形象，俨然一副公事公办、正儿八经的商务人士模样，但在餐厅和酒席上失态的话，会让你的评价一落千丈。

因此，在这样的场合，应该多表现出懂礼的样子，才能提高他人对自身的评价。

首先在餐厅里，当然要把好的座位让给女性了。

如果窗外的景色很美，那么男方应该坐在背靠景色的座位。如果景观一般，店内有难得一听的钢琴演奏，就要把能看到钢琴的位置让给女性。就座时要先让女性坐下，之后男性再坐，拉椅子是服务员的工作，如果男性多此一举地帮忙拉椅子，反而就越职了。

大的物品要存放到寄存柜里，但是装有贵重物品和化妆品的包一般都会放在桌上。

也有人会把包包放到椅子靠背等位置，但是一流的餐厅会有挂包的地方。男性不经意间叫服务员帮忙把包挂起来，这样的小细节会直接提高对方对自己的印象分。

◆ 所谓会点菜就是会给别人推荐菜品

点菜应该由男人来负责。

首先点饮料的时候，如果看到女性不知道该点什么餐前酒的样子，可以给她推荐时尚的鸡尾酒。

漂亮的红色金巴利苏打、斯普莫尼等就很有氛围感。带有苏打的鸡尾酒具有透明感，不仅美观，还能激发食欲。

点菜的时候直接让女方挑选喜欢的菜就好，但有些菜名会加上烹饪的方法、酱汁等解释，名字显得很长，会让人不知道这是怎样的菜。

“这个，是什么菜呢？”

如果女性问到这个问题，男性应当叫服务员过来说明。不要因为嫌麻烦就敷衍道：“这个嘛，先点点看呗。”

如果是在常光顾的餐厅，也可以推荐一些招牌菜，当然推荐时不要勉强别人。

“这里的鸭肉用橙子做酱汁，特别好吃！”可以像这样轻松随意地推荐菜品给对方，会让人有好感。

点菜的时候，由男方跟服务员统一说两人点的菜。这时候要先说女方点的菜，然后再说自己的。

比如像这样说：“这位女士要一份金枪鱼生牛肉片、橙汁鸭肉，然后来一份绿色沙拉。我的话是……”

这种点菜方式，服务员不用一一过问：“请问是谁点的金枪鱼生牛肉片？”“橙汁鸭肉是谁点的？”可以省去不少麻烦。

◆ 酒席上的礼仪“一要适度，二还是要适度”

如果酒席上有女性陪同，就要懂得适度。

不要强行灌酒，不要勉强自己拼酒量，不要问别人隐私，不要进行不必要的身体接触……

想要让人有好感，就要一切都保持适度。

酒醉容易看花眼。就算陪同的女性看起来多么“落花有意”，似是在展现媚态，也千万不能碰。如果此时失了度，就等着被打上“性骚扰”的烙印吧。

谈话的时候可以说一些有趣的、身边发生的事，如果女方不感兴趣，就要有礼貌地换个话题。不能因为是自己擅长的领域，就滔滔不绝，这是最糟糕的表现。

虽然也可以在酒席上谈论公事，但最好不要说一些谣言。一个得意扬扬地说着公司内部谣言的男人，在女性的眼里是怎样的形象，这不用多说也能猜到吧？

“真是庸俗、轻浮、不靠谱的男人呀！”这就是她们心中对你的评价。

洋　酒　“今宵美酒配佳人”，是时候展现你的风度和礼仪

◆ 难得邀请了美人，但是对洋酒一知半解

无论是在正式的交流会上，还是在像模像样的联谊会上，如果遇到了自己喜欢的女性，就会想要邀请美女去餐厅吃饭吧。

一般要是跟熟人或上了年纪的人，就会说：“喝烧酒不?”“烧酒怎么样?”但如果对方是刚认识不久的美女，可能你就会脱口而出：“去西餐厅喝酒吗?”

既然要阔气一下请美人共品洋酒，那么就要懂得展现风度和礼仪。

“那当然了，我还是知道要根据菜品来挑洋酒的!”在像这样自信地自称为“洋酒通”的人里，有些人其实对洋酒知识一知半解。

基本上“红酒配红肉，白酒配鱼肉”，但有些菜带有浓厚的红色酱汁，这类菜无论是红肉还是鱼肉，都要用红酒配，反

之，白色酱汁就要用白酒配。肉里面，像是鸡肉和猪肉，有时跟白酒搭配也十分绝妙。

洋酒的世界很深奥，**不是靠临阵磨枪、一知半解就能糊弄过去的**。

◆ 术业有专攻

一些在洋酒上面十分用心的餐厅，酒单里的酒名多到让人震惊。

不是专业人士是不可能从中作出最好的选择的。因此，与其自己跟酒单较劲半天，还不如直接**跟侍酒师商量**。

这种情况下，关键是要告诉侍酒师自己点了什么菜，以及自己的预算是多少。

洋酒的等级很多。就算是再有名的侍酒师，如果不知道客人的预算，也很难作出选择。**预算大概控制在餐价的一半**就好，如果这么告诉侍酒师，侍酒师心里就会想："这人懂点酒。"

打开酒的瓶塞后要品酒，这一般是由宴会的主人来做，约会的时候就由男性来做。

品酒时要先摇晃玻璃酒杯里的红酒，确认颜色和香气之后含一口酒，细细品味，这就是一般的品酒顺序。但是过程中，如果你过于认真地看酒的色泽和透明度，品味时转动的舌头还发出声音，反而会讨人嫌。

如果没什么经验，按顺序做完品酒后说：“挺好的。”即可。这样就能让对方提升对你的好感度。就餐或品酒时切勿急躁，动作可以放缓一些，这样整个人会看起来更沉稳。

◆ “直男”的礼仪

喝洋酒时，要手**拿玻璃杯杯脚**。

喝洋酒有温度的要求，据说在适温下饮用口感最好。难得餐厅提供的酒水在适温状态，如果体温把酒的温度提高了，那餐厅就白费功夫了。也正因为如此，会有手拿杯脚的礼仪。虽然喝白酒、香槟等要保持冰凉状态的酒类时会拿杯脚，但是喝红酒的时候我觉得拿不拿杯脚也没关系。

不过，拿着杯脚喝酒看起来会比较帅，所以到底拿不拿杯脚喝酒，就看个人喜好了。

喝酒的时候，如果店里有侍酒师，会注意观察客人的酒杯是否要添酒，并过来倒酒。这时人们往往会忍不住拿起酒杯，但是洋酒的礼仪和日本酒、啤酒不同，需要**放在桌上，**让侍酒师来倒酒。

如果侍酒师没注意到，或是不在的情况下，就要**由男士来**

倒酒。

在女士优先文化盛行的欧美地区，让“女性”来倒酒是十分不像样的。如果对着女性用一副高高在上的样子说：“你给我倒杯酒。”会被人打上“直男”的标签，这点要注意。

一般都是边就餐边享用洋酒。但当嘴上沾有菜汁等情况下，喝酒前要先用餐巾擦拭嘴巴，不然容易弄脏杯子边缘。在高级的玻璃酒杯上沾上唇印并不雅观。如果玻璃杯脏了，要赶紧用手指擦拭，用餐巾处理污渍。

如果喝够了，此时应**手指轻碰玻璃酒杯**，表示用餐结束。

看到侍酒师打算继续倒酒时，如果一边摆手一边说：“够了，够了！”就很破坏气氛，还会让沉醉在美酒中的女伴感到扫兴。

既然今晚决定喝洋酒，来场高级约会，那么还是咬咬牙坚持住，把礼仪和风度都展现到底吧。

公司内部的恋爱　秘密传千里

◆ 办公室恋爱的隐患

社会上，像联谊之类的，与异性邂逅的场合有很多。公司内部也有很多与异性深入交流的机会。共事的话，就能多少了解对方的人品、脾性。当然，前提是对方是你喜欢的类型，有发展成恋人的可能性。

但是，爱也有可能会化为恨，通过工作看到对方的真实面目后，可能恋情反而会变得不顺。

总之，办公室恋爱就有这样的难处。

通常来说，在一起的话，就好好享受恋爱的感觉，一起甜甜蜜蜜、腻歪在一起，随便怎么诉说情话都可以。

但在公司里就不能这样谈恋爱了。在一起的时候，既是恋人又是同事（或上下属关系），需要分别处理好这两种关系。如果不能做到清楚区分这两种关系，就容易有**公私混淆**的问题。

比如，跟女友说："这个你来做。"然后给她文件时，在里面夹放了密会"指示书"，建议最好别这么做。

虽然工作上的指示是"公"，但约会的指示是"私"。如果在公司内两人常常耳语、打内线电话、发公司内部邮件，那就和打电话联系约会是一样的。秘密保守得再怎么好，终究会纸里包不住火。**秘密暴露的概率其实很高**。一旦被人看到或听到，就会有人传："喂，你知道吗？我刚刚看到销售部的岛村和铃木偷偷电话联系约会，没想到那两人竟然在一起。你可不能告诉给别人哦！"

像这样，一些喜欢八卦的同事就会把这秘密传开。没过多久，公司里所有人都会知道这件事。

正所谓"隔墙有耳"，和坏事一样，秘密也会传千里。

◆ 公司里恋爱的危机管理方法

保守秘密的最好办法，就是对待自己的女朋友**要像对待自己毫无兴趣的女同事一样**。

像下面这种情况，就容易暴露你对女朋友的态度。在公司内的酒席上，女同事们聊得起劲，开始就你女朋友议论纷纷。

"不过呀。销售部的岛村妹子，别看她平时很乖的样子，其实挺会玩的。真想不到会那么轻浮。"

哪里都有尖酸刻薄之辈。这些人对女朋友无止尽地诽谤，进行毫无根据的指指点点，谁的心里都会无法平静。你内心肯定会想：“开什么玩笑，你这混账东西！她是我女朋友，没有人比我更了解她。喂，说什么水性杨花！你个骗子！有证据你拿出来呀！”

但是，如果你不能忍住心里的愤怒，那么你和女朋友之间的秘密就会暴露出来。只有表现得**漠不关心、没有反应的样子，**才能掩饰过去。

反过来，如果女朋友成了被人赞赏的对象，有时候还得表现得两人关系不怎么好。

“岛村那妹子果然是我们公司的第一名呀！”周围对你女朋友赞不绝口的时候，如果身为男朋友的你附和道：“同意！”“就是，就是！”表现得像是在说自己一样高兴，又会看起来十分明显。

当女朋友的话题总是出现时，只有对或毁或誉的评价表现得事不关己，才能做好办公室恋爱的危机管理。

◆ 过夜后小心女同事们的“火眼金睛”

两人谈恋爱，当然就有一起过夜的情况，但是第二天早上就要小心了。自己的话可能还没什么关系，但一定要让女朋友换件衣服。

两人一起穿着和昨天一样的衣服上班，就容易惹人怀疑。所以和女朋友过夜的话，就要预设好回家换衣服、酒店退房的时间。

虽然女同事们可能会装出一副漠不关心的样子，但其实她们特别关注同性间的着装打扮。

“你看你看，她又戴着和昨天一样的耳环。昨天是在外面过夜了吧。因为她之前不会一直戴着一样的耳环呀！”

女性会十分关注同性的情况，所以也要注意首饰等物品。

虽然有人会说，又不是出轨，在公司里谈恋爱怎么了？但是，周围人的看法是不一样的，办公室恋爱一旦曝光，就会被人过度讨论，成为他人茶余饭后的谈资，麻烦也会变多。如果到了要订婚、结婚的阶段，当然也可以“官宣恋爱”；但是恋情尚不明朗的情况下，一旦后来两人分手了，同事间还会有“这两人有过孩子”等流言蜚语，这样的诽谤就让人忍无可忍了。

所以如果有办公室恋爱，建议还是尽可能地保守秘密。

和女性分手　成年人的分手要干净利落

◆ 当“随便的女人”变了的时候

男女之间的邂逅，往往具有戏剧性。这种戏剧性在浪漫的氛围包裹下，就容易酝酿出爱情。

但是爱情经历了一些困难和时间的洗礼后，曾经的体贴变成习惯，关怀变成腻烦的话，那就麻烦了。

虽说相逢必有离别时，但是和女性分手并不是那么简单。往往在快要分手的时候，事态容易复杂起来。

出轨的话，情况甚至会更麻烦。

遇到的困难越多，两人之间的热情也燃烧殆尽得越快。当初刚在一起时，十分相爱的两人，也无法一直持续这样的热恋状态。

“你有时间的时候就多陪陪我，我不在的时候，就好好对夫人和孩子吧……我，你就把我当成随便的女人好了。”即便说出如此体贴的话，这样的女性也会谋划摆脱**“召之即来，挥**

之即去的女人”角色。

人，无论是谁，都有独占欲。“有妻有儿的男人是属于家人的”这样的漂亮话，听听就好，别当真。

当女方争执不休时，男性往往想逃避。但这样的情况下，越逃避越无法摆脱。如果装糊涂，可能会更加刺激对方，之后发生什么都难以想象。

要清楚一点，看看那些频繁发生的跟踪事件，一些不正常的人的恐怖之处，是超越普通人的想象的。

如果女方逼到了公司，将出轨的事毫无保留地曝光出来，男方就相当于前途尽毁了。“出轨一两次也没什么……”公司能“宽宏大量”地默许，仅限于这样的事情**不影响公司、不给公司带来麻烦**的情况下。

新闻上也有不少位高权重的政治家，因为出轨的女性公开照片而狼狈下台。所以处理不好分手，会给**将来埋下祸根**。

◆ 不留祸根的分手秘诀

如果要分手就要好好跟女方说清楚。

坦白的时候，刚开始要先向对方表示**“深深地感谢”**。

不管你实际上是因为厌烦了，还是感情淡了而想分手，总之要跟对方表达感谢。比如说：“和你在一起的时间真的很开心！”“谢谢你给予了我纯粹的爱。”表达的时候一定要诚心诚意。

表达完感谢之后，就要进入正题了。但这时候跟对方坦白你的心变了，肯定会触及对方的逆鳞，所以绝对要小心说话，要解释现在已经不能跟对方继续的原因。

至于是什么原因，就要具体分析自己的情况了。像是孩子的问题，父母的反对等，这些理由可能会比较有说服力。但是如果从对方的角度来思考，说出这些理由反而会起到**反效果**。

比如，“你都已经 30 岁了。如果继续这样和我在一起，我感觉就是在剥夺你的幸福。我不能容忍自己这么任性，所以想结束我们的关系。”

这么解释看似为对方着想，但反而会弄巧成拙。

“是呀。你把我的青春都拿走了。你还我这 5 年！”对方很可能会这样说。

当然分手不可能那么顺利。很可能迎来好几次的意难平，所以面对麻烦，只能老实接受，把这段纠缠当成是自作自受。你要坚持跟对方表达：“不能再继续保持这段出轨的关系了。”以求得到对方的理解。

即使遭受到对方的谩骂，也只能忍受着。

这才是明智的做法。让对方把想说的话都说出来，也会让她放下许多。这比女方看似坚强地忍住泪水的情况要好很多。不久后，这段关系就肯定能够和谐地结束。

当双方都接受了分手的事实，要跟对方说“谢谢”，以表达你对对方感谢的心情没有改变。

怎么样？谈分手可是件相当耗精力的活儿。

总而言之，学君子不出轨不犯险，才是最好的做法。

夫妻关系

“微笑”是让夫妻关系美好的秘诀

◆ 夫妻沟通没有保质期

一般男人都会认为，世上有两种女人。一种是“女性”，一种是“妻子”。

热恋中的男人会诉说“没有你，我的人生就等于是空无的!”之类的情话，明明之前把对方当成最重要的女人，但一旦女方变成了妻子，就会让她做饭、准备洗澡水、照顾自己，不再把她当成最珍贵的存在了。这时也就容易让两人的感情发生改变。这种态度的转变是对妻子极大的不尊重。

早上醒来，妻子会跟你说“早上好”吗？我没做过数据调查，并不是很确定，但我估计 30~39 岁年龄层的 100 人里，有 15~20 人会说；40~49 岁的人里有约 10 人；50~59 岁的人里有 4~5 人；59 岁以上的人，可能没有妻子会说：“早上好!”

妻子说“早上好”的人数已经很少了，而跟为自己端茶送水的妻子说句“谢谢”的丈夫人数，更是少之又少。

回想一下新婚时候的样子。两人是否在早上不仅口头问好，还会来个亲吻或拥抱呢？夫妻两人的这种交流是没有保质期的。即使过了银婚迎来金婚，交流也有益于两人的感情。

早上，我最先打招呼的人就是妻子。

我说："早上好！"妻子就会回道："早上好！"这时彼此间就会洋溢着温馨的气氛。之后我们还会就当天要做什么、昨天晚上酒宴的情况等进行交流。妻子会从我当天说话的声音和状态注意到："今天你状态挺好的嘛！"或是"怎么看起来没精打采的？是不是有什么不舒服？"当然，不管是在怎样的状态下，我都不会忘记跟为我做饭、倒茶的妻子说声感谢。

我到大仓酒店上班，一般都会自己开车去，但是帮我擦拭车子的污渍、抹干净车窗的人是我的妻子。等我要开车上班的时候，车子已经可以"整装待发"了，当我把车开走的时候，直到开到转角处看不见的地方为止，我的妻子都会一直目送我。还有就是从车库里准备开车出发之前，我们都会亲吻一下，这算是我们的家规了。

我的妻子也会很自然地，一直重复着这样的早上。如果从新婚开始到现在，都能一直保持**互相打招呼、说谢谢**的习惯，两人的关系就不会变味。

结婚的时间越长，夫妻之间的对话当然就越少，这样的说法完全就是诡辩。不寒暄的丈夫就会有不寒暄的妻子，不会感谢的丈夫，就会有不会感谢的妻子。夫妻之间缺少沟通是日积月累的结果。

从打招呼和感谢开始，让夫妻回到有沟通的状态，并不需要花很多时间。想要恢复好关系，不妨先从这一步开始。

◆ 为什么对方是妻子就不夸奖了？

大多数丈夫都不擅长夸人。

妻子打算剪头发，一时兴起买下并穿上喜欢的裙子时，丈夫却没有任何反应。即使妻子忍不住问：“你看这发型怎样？”“这是新买的裙子，你看……”丈夫也会不耐烦地说：“所以，又怎样？”这样的态度实在让人扫兴。主要问题就在于，在丈夫的眼里妻子从“女性”变成了自己的“妻子”。

但丈夫其实并不是不懂夸赞。如果他们在酒吧等场合看到打扮漂亮的小姐，估计就会说：“噢，这女孩不错嘛！”“是做兼职的女大学生吗？年轻就是不一样呀，皮肤光泽有弹性……”不断抛出漂亮、可爱等赞美之词。

在公司也是，看到女性下属的发型变了，就会说：“剪头发了呀。短发也挺适合你的嘛！”他们这时候又能看穿别人并不显眼的变化，并夸奖一番。

不过，这可能在之后发展成为一场性骚扰闹剧……

所以既然夸别人还会带来麻烦，倒不如多夸夸自己的妻子。即使夸妻子的时候没有掌握好度，也不会被说是性骚扰。

“噢，今天很漂亮嘛。真不错，挺好的！”

夸人不是说无缘无故地把一些华丽辞藻堆叠在一起，只需表达你对妻子一些小变化的赞赏。仅仅是直接说出赞美的话，就能让妻子觉得，你又把她当成“女人”了。

最近，越来越多的夫妻会一起出席聚会等场合。我们家一年就有好几次，我会带妻子一起外出参加活动。这时候才突然把妻子当成女人，演出一副“顾家好男人”的样子是不可取的。夫妻两人在这样的场合需要自然地表现。正所谓“**临时抱佛脚——来不及**”。

要想在关键时刻把夫妻两人最好的一面展现出来，就要在日常生活中，一点一点地培养好两人的关系。

关于“服务的细节丛书”介绍：

东方出版社从2012年开始关注餐饮、零售、酒店业等服务行业的升级转型，为此从日本陆续引进了一套“服务的细节”丛书，是东方出版社“双百工程”出版战略之一，专门为中国服务业产业升级、转型提供思想武器。

所谓“双百工程”，是指东方出版社计划用5年时间，陆续从日本引进并出版在制造行业独领风骚、服务业有口皆碑的系列书籍各100种，以服务中国的经济转型升级。我们命名为“精益制造”和“服务的细节”两大系列。

我们的出版愿景：“通过东方出版社‘双百工程’的陆续出版，哪怕我们学到日本经验的一半，中国产业实力都会大大增强！”

到目前为止“服务的细节”系列已经出版130本，涵盖零售业、餐饮业、酒店业、医疗服务业、服装业等。

“服务的细节”系列

书　名	ISBN	定　价
服务的细节：卖得好的陈列	978-7-5060-4248-2	26 元
服务的细节：为何顾客会在店里生气	978-7-5060-4249-9	26 元
服务的细节：完全餐饮店	978-7-5060-4270-3	32 元
服务的细节：完全商品陈列 115 例	978-7-5060-4302-1	30 元
服务的细节：让顾客爱上店铺 1——东急手创馆	978-7-5060-4408-0	29 元
服务的细节：如何让顾客的不满产生利润	978-7-5060-4620-6	29 元
服务的细节：新川服务圣经	978-7-5060-4613-8	23 元
服务的细节：让顾客爱上店铺 2——三宅一生	978-7-5060-4888-0	28 元
服务的细节 009：摸过顾客的脚，才能卖对鞋	978-7-5060-6494-1	22 元
服务的细节 010：繁荣店的问卷调查术	978-7-5060-6580-1	26 元
服务的细节 011：菜鸟餐饮店 30 天繁荣记	978-7-5060-6593-1	28 元
服务的细节 012：最勾引顾客的招牌	978-7-5060-6592-4	36 元
服务的细节 013：会切西红柿，就能做餐饮	978-7-5060-6812-3	28 元
服务的细节 014：制造型零售业——7-ELEVEn 的服务升级	978-7-5060-6995-3	38 元
服务的细节 015：店铺防盗	978-7-5060-7148-2	28 元
服务的细节 016：中小企业自媒体集客术	978-7-5060-7207-6	36 元
服务的细节 017：敢挑选顾客的店铺才能赚钱	978-7-5060-7213-7	32 元
服务的细节 018：餐饮店投诉应对术	978-7-5060-7530-5	28 元
服务的细节 019：大数据时代的社区小店	978-7-5060-7734-7	28 元
服务的细节 020：线下体验店	978-7-5060-7751-4	32 元
服务的细节 021：医患纠纷解决术	978-7-5060-7757-6	38 元
服务的细节 022：迪士尼店长心法	978-7-5060-7818-4	28 元
服务的细节 023：女装经营圣经	978-7-5060-7996-9	36 元
服务的细节 024：医师接诊艺术	978-7-5060-8156-6	36 元
服务的细节 025：超人气餐饮店促销大全	978-7-5060-8221-1	46.8 元

书　　名	ISBN	定　价
服务的细节 026：服务的初心	978-7-5060-8219-8	39.8 元
服务的细节 027：最强导购成交术	978-7-5060-8220-4	36 元
服务的细节 028：帝国酒店　恰到好处的服务	978-7-5060-8228-0	33 元
服务的细节 029：餐饮店长如何带队伍	978-7-5060-8239-6	36 元
服务的细节 030：漫画餐饮店经营	978-7-5060-8401-7	36 元
服务的细节 031：店铺服务体验师报告	978-7-5060-8393-5	38 元
服务的细节 032：餐饮店超低风险运营策略	978-7-5060-8372-0	42 元
服务的细节 033：零售现场力	978-7-5060-8502-1	38 元
服务的细节 034：别人家的店为什么卖得好	978-7-5060-8669-1	38 元
服务的细节 035：顶级销售员做单训练	978-7-5060-8889-3	38 元
服务的细节 036：店长手绘　POP 引流术	978-7-5060-8888-6	39.8 元
服务的细节 037：不懂大数据，怎么做餐饮？	978-7-5060-9026-1	38 元
服务的细节 038：零售店长就该这么干	978-7-5060-9049-0	38 元
服务的细节 039：生鲜超市工作手册蔬果篇	978-7-5060-9050-6	38 元
服务的细节 040：生鲜超市工作手册肉禽篇	978-7-5060-9051-3	38 元
服务的细节 041：生鲜超市工作手册水产篇	978-7-5060-9054-4	38 元
服务的细节 042：生鲜超市工作手册日配篇	978-7-5060-9052-0	38 元
服务的细节 043：生鲜超市工作手册之副食调料篇	978-7-5060-9056-8	48 元
服务的细节 044：生鲜超市工作手册之 POP 篇	978-7-5060-9055-1	38 元
服务的细节 045：日本新干线 7 分钟清扫奇迹	978-7-5060-9149-7	39.8 元
服务的细节 046：像顾客一样思考	978-7-5060-9223-4	38 元
服务的细节 047：好服务是设计出来的	978-7-5060-9222-7	38 元
服务的细节 048：让头回客成为回头客	978-7-5060-9221-0	38 元
服务的细节 049：餐饮连锁这样做	978-7-5060-9224-1	39 元
服务的细节 050：养老院长的 12 堂管理辅导课	978-7-5060-9241-8	39.8 元
服务的细节 051：大数据时代的医疗革命	978-7-5060-9242-5	38 元
服务的细节 052：如何战胜竞争店	978-7-5060-9243-2	38 元
服务的细节 053：这样打造一流卖场	978-7-5060-9336-1	38 元
服务的细节 054：店长促销烦恼急救箱	978-7-5060-9335-4	38 元

书　名	ISBN	定　价
服务的细节 055：餐饮店爆品打造与集客法则	978-7-5060-9512-9	58 元
服务的细节 056：赚钱美发店的经营学问	978-7-5060-9506-8	52 元
服务的细节 057：新零售全渠道战略	978-7-5060-9527-3	48 元
服务的细节 058：良医有道：成为好医生的 100 个指路牌	978-7-5060-9565-5	58 元
服务的细节 059：口腔诊所经营 88 法则	978-7-5060-9837-3	45 元
服务的细节 060：来自 2 万名店长的餐饮投诉应对术	978-7-5060-9455-9	48 元
服务的细节 061：超市经营数据分析、管理指南	978-7-5060-9990-5	60 元
服务的细节 062：超市管理者现场工作指南	978-7-5207-0002-3	60 元
服务的细节 063：超市投诉现场应对指南	978-7-5060-9991-2	60 元
服务的细节 064：超市现场陈列与展示指南	978-7-5207-0474-8	60 元
服务的细节 065：向日本超市店长学习合法经营之道	978-7-5207-0596-7	78 元
服务的细节 066：让食品网店销售额增加 10 倍的技巧	978-7-5207-0283-6	68 元
服务的细节 067：让顾客不请自来！卖场打造 84 法则	978-7-5207-0279-9	68 元
服务的细节 068：有趣就畅销！商品陈列 99 法则	978-7-5207-0293-5	68 元
服务的细节 069：成为区域旺店第一步——竞争店调查	978-7-5207-0278-2	68 元
服务的细节 070：餐饮店如何打造获利菜单	978-7-5207-0284-3	68 元
服务的细节 071：日本家具家居零售巨头 NITORI 的成功五原则	978-7-5207-0294-2	58 元
服务的细节 072：咖啡店卖的并不是咖啡	978-7-5207-0475-5	68 元
服务的细节 073：革新餐饮业态：胡椒厨房创始人的突破之道	978-7-5060-8898-5	58 元
服务的细节 074：餐饮店简单改换门面，就能增加新顾客	978-7-5207-0492-2	68 元
服务的细节 075：让 POP 会讲故事，商品就能卖得好	978-7-5060-8980-7	68 元

书　　名	ISBN	定　价
服务的细节 076：经营自有品牌	978-7-5207-0591-2	78 元
服务的细节 077：卖场数据化经营	978-7-5207-0593-6	58 元
服务的细节 078：超市店长工作术	978-7-5207-0592-9	58 元
服务的细节 079：习惯购买的力量	978-7-5207-0684-1	68 元
服务的细节 080：7-ELEVEn 的订货力	978-7-5207-0683-4	58 元
服务的细节 081：与零售巨头亚马逊共生	978-7-5207-0682-7	58 元
服务的细节 082：下一代零售连锁的 7 个经营思路	978-7-5207-0681-0	68 元
服务的细节 083：唤起感动	978-7-5207-0680-3	58 元
服务的细节 084：7-ELEVEn 物流秘籍	978-7-5207-0894-4	68 元
服务的细节 085：价格坚挺，精品超市的经营秘诀	978-7-5207-0895-1	58 元
服务的细节 086：超市转型：做顾客的饮食生活规划师	978-7-5207-0896-8	68 元
服务的细节 087：连锁店商品开发	978-7-5207-1062-6	68 元
服务的细节 088：顾客爱吃才畅销	978-7-5207-1057-2	58 元
服务的细节 089：便利店差异化经营——罗森	978-7-5207-1163-0	68 元
服务的细节 090：餐饮营销 1：创造回头客的 35 个开关	978-7-5207-1259-0	68 元
服务的细节 091：餐饮营销 2：让顾客口口相传的 35 个开关	978-7-5207-1260-6	68 元
服务的细节 092：餐饮营销 3：让顾客感动的小餐饮店“纪念日营销”	978-7-5207-1261-3	68 元
服务的细节 093：餐饮营销 4：打造顾客支持型餐饮店 7 步骤	978-7-5207-1262-0	68 元
服务的细节 094：餐饮营销 5：让餐饮店坐满女顾客的色彩营销	978-7-5207-1263-7	68 元
服务的细节 095：餐饮创业实战 1：来，开家小小餐饮店	978-7-5207-0127-3	68 元
服务的细节 096：餐饮创业实战 2：小投资、低风险开店开业教科书	978-7-5207-0164-8	88 元

书　名	ISBN	定　价
服务的细节 097：餐饮创业实战 3：人气旺店是这样做成的！	978-7-5207-0126-6	68 元
服务的细节 098：餐饮创业实战 4：三个菜品就能打造一家旺店	978-7-5207-0165-5	68 元
服务的细节 099：餐饮创业实战 5：做好“外卖”更赚钱	978-7-5207-0166-2	68 元
服务的细节 100：餐饮创业实战 6：喜气的店客常来，快乐的人福必至	978-7-5207-0167-9	68 元
服务的细节 101：丽思卡尔顿酒店的不传之秘：超越服务的瞬间	978-7-5207-1543-0	58 元
服务的细节 102：丽思卡尔顿酒店的不传之秘：纽带诞生的瞬间	978-7-5207-1545-4	58 元
服务的细节 103：丽思卡尔顿酒店的不传之秘：抓住人心的服务实践手册	978-7-5207-1546-1	58 元
服务的细节 104：廉价王：我的“唐吉诃德”人生	978-7-5207-1704-5	68 元
服务的细节 105：7-ELEVEn 一号店：生意兴隆的秘密	978-7-5207-1705-2	58 元
服务的细节 106：餐饮连锁如何快速扩张	978-7-5207-1870-7	58 元
服务的细节 107：不倒闭的餐饮店	978-7-5207-1868-4	58 元
服务的细节 108：不可战胜的夫妻店	978-7-5207-1869-1	68 元
服务的细节 109：餐饮旺店就是这样“设计”出来的	978-7-5207-2126-4	68 元
服务的细节 110：优秀餐饮店长的 11 堂必修课	978-7-5207-2369-5	58 元
服务的细节 111：超市新常识 1：有效的营销创新	978-7-5207-1841-7	58 元
服务的细节 112：超市的蓝海战略：创造良性赢利模式	978-7-5207-1842-4	58 元
服务的细节 113：超市未来生存之道：为顾客提供新价值	978-7-5207-1843-1	58 元
服务的细节 114：超市新常识 2：激发顾客共鸣	978-7-5207-1844-8	58 元
服务的细节 115：如何规划超市未来	978-7-5207-1840-0	68 元

书　名	ISBN	定　价
服务的细节 116：会聊天就是生产力：丽思卡尔顿的“说话课”	978-7-5207-2690-0	58 元
服务的细节 117：有信赖才有价值：丽思卡尔顿的“信赖课”	978-7-5207-2691-7	58 元
服务的细节 118：一切只与烤肉有关	978-7-5207-2838-6	48 元
服务的细节 119：店铺因顾客而存在	978-7-5207-2839-3	58 元
服务的细节 120：餐饮开店做好 4 件事就够	978-7-5207-2840-9	58 元
服务的细节 121：永旺的人事原则	978-7-5207-3013-6	59.80 元
服务的细节 122：自动创造价值的流程	978-7-5207-3022-8	59.80 元
服务的细节 123：物流改善推进法	978-7-5207-2805-8	68 元
服务的细节 124：顾客主义：唐吉诃德的零售设计	978-7-5207-3400-4	59.80 元
服务的细节 125：零售工程改造老化店铺	978-7-5207-3401-1	59.90 元